A Revolução Chilena

FUNDAÇÃO EDITORA DA UNESP

Presidente do Conselho Curador
Mário Sérgio Vasconcelos

Diretor-Presidente
Jézio Hernani Bomfim Gutierre

Superintendente Administrativo e Financeiro
William de Souza Agostinho

Conselho Editorial Acadêmico
Danilo Rothberg
Luis Fernando Ayerbe
Marcelo Takeshi Yamashita
Maria Cristina Pereira Lima
Milton Terumitsu Sogabe
Newton La Scala Júnior
Pedro Angelo Pagni
Renata Junqueira de Souza
Sandra Aparecida Ferreira
Valéria dos Santos Guimarães

Editores-Adjuntos
Anderson Nobara
Leandro Rodrigues

Peter Winn

A Revolução Chilena

Coleção Revoluções do Século 20
Direção de Emília Viotti da Costa

Tradução
MAGDA LOPES

© 2009 Editora UNESP
© 2009 da tradução brasileira

Direitos de publicação reservados à:
Fundação Editora da UNESP (FEU)
Praça da Sé, 108
01001-900 – São Paulo – SP
Tel.: (0xx11) 3242-7171
Fax: (0xx11) 3242-7172
www.editoraunesp.com.br
www.livrariaunesp.com.br
atendimento.editora@unesp.br

CIP-Brasil. Catalogação na fonte
Sindicato Nacional dos Editores de Livros, RJ

W741r

Winn, Peter

A Revolução Chilena / Peter Winn; [tradução de Magda Lopes]. São Paulo: Editora UNESP, 2010.
210p. (Revoluções do Século 20/Emília Viotti da Costa)

Inclui bibliografia
ISBN 978-85-7139-995-2

1. Chile – História – Golpe de Estado, 1973-. I. Título. II. Série.

10-0218.
CDD: 983.064
CDU: 94(83)"1973"

Editora afiliada:

Asociación de Editoriales Universitarias
de América Latina y el Caribe

Associação Brasileira de
Editoras Universitárias

Apresentação da coleção

O século XIX foi o século das revoluções liberais; o XX, o das revoluções socialistas. Que nos reservará o século XXI? Há quem diga que a era das revoluções está encerrada, que o mito da Revolução que governou a vida dos homens desde o século XVIII já não serve como guia no presente. Até mesmo entre pessoas de esquerda, que têm sido ao longo do tempo os defensores das ideias revolucionárias, ouve-se dizer que os movimentos sociais vieram substituir as revoluções. Diante do monopólio da violência pelos governos e do custo crescente dos armamentos bélicos, parece a muitos ser quase impossível repetir os feitos da era das barricadas.

Por toda parte, no entanto, de Seattle a Porto Alegre ou Mumbai, há sinais de que hoje, como no passado, há jovens que não estão dispostos a aceitar o mundo tal como se configura em nossos dias. Mas quaisquer que sejam as formas de lutas escolhidas, é preciso conhecer as experiências revolucionárias do passado. Como se tem dito e repetido, quem não aprende com os erros do passado está fadado a repeti-los. Existe, contudo, entre as gerações mais jovens, uma profunda ignorância desses acontecimentos tão fundamentais para a compreensão do passado e a construção do futuro. Foi com essa ideia em mente que a Editora UNESP decidiu publicar esta coleção. Esperamos que os livros venham a servir de leitura complementar aos estudantes da escola média, universitários e ao público em geral.

Os autores foram recrutados entre historiadores, cientistas sociais e jornalistas, norte-americanos e brasileiros, de posições políticas diversas, cobrindo um espectro que vai do centro até a esquerda. Essa variedade de posições foi conscientemente buscada. O que perdemos, talvez, em consistência, esperamos ganhar na diversidade de interpretações que convidam à reflexão e ao diálogo.

Para entender as revoluções no século XX, é preciso colocá-las no contexto dos movimentos revolucionários que se desencadearam a partir da segunda metade do século XVIII, resultando na destruição final do Antigo Sistema Colonial e do Antigo Regime. Apesar das profundas diferenças, as revoluções posteriores procuraram levar a cabo um projeto de democracia que se perdeu nas abstrações e contradições da Revolução de 1789 e se tornou o centro das lutas do povo a partir daí. De fato, o século XIX assistiu a uma sucessão de revoluções inspiradas na luta pela independência das colônias inglesas na América e na Revolução Francesa.

Em 4 de julho de 1776, as treze colônias que vieram inicialmente a constituir os Estados Unidos da América declaravam sua independência e justificavam a ruptura do Pacto Colonial. Em palavras candentes e profundamente subversivas para a época, afirmavam a igualdade dos homens e apregoavam como seus direitos inalienáveis: o direito à vida, à liberdade e à busca da felicidade. Afirmavam que o poder dos governantes, aos quais cabia a defesa daqueles direitos, derivava dos governados. Portanto, cabia a estes derrubar o governante quando ele deixasse de cumprir sua função de defensor dos direitos e resvalasse para o despotismo.

Esses conceitos revolucionários que ecoavam o Iluminismo foram retomados com maior vigor e amplitude treze anos mais tarde, em 1789, na França. Se a Declaração de Independência das colônias americanas ameaçava o sistema colonial, a Revolução Francesa viria pôr em questão todo o Antigo Regime, a ordem social que o amparava, os privilégios da aristocracia, o sistema de monopólios, o absolutismo real, o poder divino dos reis.

Não por acaso, a Declaração dos Direitos do Homem e do Cidadão, aprovada pela Assembleia Nacional da França, foi redigida pelo marquês de La Fayette, francês que participara das lutas pela independência das colônias americanas. Este contara com a colaboração de Thomas Jefferson, que se encontrava na França, na ocasião como enviado do governo americano. A Declaração afirmava a igualdade dos homens perante a lei. Definia como seus direitos inalienáveis a liberdade, a propriedade, a segurança e a resistência à opressão, sendo a preservação desses direitos o objetivo de toda associação política. Estabelecia que ninguém poderia ser privado de sua propriedade, exceto em casos de evidente necessidade pública legalmente comprovada, e desde que fosse prévia e justamente indenizado. Afirmava ainda a soberania da nação e a supremacia da lei. Esta era definida como expressão da vontade geral e deveria ser igual para todos. Garantia a liberdade de expressão, de ideias e de religião, ficando o indivíduo responsável pelos abusos dessa liberdade, de acordo com a lei. Estabelecia um imposto aplicável a todos, proporcionalmente aos meios de cada um. Conferia aos cidadãos o direito de, pessoalmente ou por intermédio de seus representantes, participar na elaboração dos orçamentos, ficando os agentes públicos obrigados a prestar contas de sua administração. Afirmava ainda a separação dos poderes.

Essas declarações, que definem bem a extensão e os limites do pensamento liberal, reverberaram em várias partes da Europa e da América, derrubando regimes monárquicos absolutistas, implantando sistemas liberal-democráticos de vários matizes, estabelecendo a igualdade de todos perante a lei, adotando a divisão dos poderes (legislativo, executivo e judiciário), forjando nacionalidades e contribuindo para a emancipação dos escravos e a independência das colônias latino-americanas.

O desenvolvimento da indústria e do comércio, a revolução nos meios de transportes, os progressos tecnológicos, o processo de urbanização, a formação de uma nova classe social – o proletariado – e a expansão imperialista dos países europeus na África e na Ásia geravam deslocamentos, conflitos sociais e guerras em várias partes do mundo. Por toda a parte os grupos excluídos defrontavam-se com novas oligarquias que não atendiam às suas necessidades e não respondiam aos seus anseios. Estes extravasavam em lutas visando a tornar mais efetiva a promessa democrática que a acumulação de riquezas e poder nas mãos de alguns, em detrimento da maioria, demonstrara ser cada vez mais fictícia.

A igualdade jurídica não encontrava correspondência na prática; a liberdade sem a igualdade transformava-se em mito; os governos representativos representavam apenas uma minoria, pois a maioria do povo não tinha representação de fato. Um após outro, os ideais presentes na Declaração dos Direitos do Homem foram revelando seu caráter ilusório. A resposta não se fez tardar.

Ideias socialistas, anarquistas, sindicalistas, comunistas, ou simplesmente reformistas apareceram como críticas ao mundo criado pelo capitalismo e pela liberal-democracia. As primeiras denúncias ao novo sistema surgiram contemporaneamente à Revolução Francesa. Nessa época, as críticas ficaram restritas a uns poucos revolucionários mais radicais, como Gracchus Babeuf. No decorrer da primeira metade do século XIX, condenações da ordem social e política criada a partir da Restauração dos Bourbon na França fizeram-se ouvir nas obras dos chamados socialistas utópicos, como Charles Fourier (1772-1837), o conde de Saint-Simon (1760-1825), Pierre Joseph Proudhon (1809-1865), o abade Lamennais (1782-1854), Étienne Cabet (1788-1856), Louis Blanc (1812-1882), entre outros. Na Inglaterra, Karl Marx (1818-1883) e seu companheiro Friedrich Engels (1820-1895) lançavam-se na crítica sistemática ao capitalismo e à democracia burguesa, e viam na luta de classes o motor da história e, no proletariado, a força capaz de promover a revolução social. Em 1848, vinha à luz o *Manifesto comunista*, conclamando os proletários do mundo a se unirem.

Em 1864, criava-se a Primeira Internacional dos Trabalhadores. Três anos mais tarde, Marx publicava o primeiro volume de *O capital*. Enquanto isso, sindicalistas, reformistas e cooperativistas de toda espécie, como Robert Owen, tentavam humanizar o capitalismo. Na França, o contingente de radicais aumentara bastante, e propostas radicais começaram a mobilizar um maior número de pessoas entre as populações urbanas. Os socialistas, derrotados em 1848, assumiram a liderança por um breve período na Comuna de Paris, em 1871, quando foram novamente vencidos. Apesar de suas derrotas e múltiplas divergências entre os militantes, o socialismo foi ganhando adeptos em várias partes do mundo. Em 1873, dissolvia-se a Primeira Internacional. Marx faleceu dez anos mais tarde, mas sua obra continuou a exercer poderosa influência. O segundo volume de *O capital* saiu em 1885, dois anos após sua morte, e o terceiro, em 1894. Uma nova Internacional foi fundada em 1889. O movimento em favor de uma mudança radical ganhava um número cada vez maior de participantes, em várias partes do mundo, culminando na Revolução Russa de 1917, que deu início a uma nova era.

No início do século XX, o ciclo das revoluções liberais parecia definitivamente encerrado. O processo revolucionário, agora sob inspiração de socialistas e comunistas, transcendia as fronteiras da Europa e da América para assumir caráter mais universal. Na África, na Ásia, na Europa e na América, o caminho seguido pela União Soviética alarmou alguns e serviu de inspiração a outros, provocando debates e confrontos internos e externos que marcaram a história do século XX, envolvendo a todos. A Revolução Chinesa, em 1949, e a Cubana, dez anos mais tarde, ampliaram o bloco socialista e forneceram novos modelos para revolucionários em várias partes do mundo.

Desde então, milhares de pessoas pereceram nos conflitos entre o mundo capitalista e o mundo socialista. Em ambos os lados, a historiografia foi profundamente afetada pelas paixões políticas suscitadas pela Guerra Fria e deturpada pela propaganda. Agora, com o fim da Guerra Fria, o desaparecimento da União Soviética e a participação da China em instituições até recentemente controladas pelos países capitalistas, talvez seja possível dar início a uma reavaliação mais serena desses acontecimentos.

Esperamos que a leitura dos livros desta coleção seja, para os leitores, o primeiro passo numa longa caminhada em busca de um futuro, em que liberdade e igualdade sejam compatíveis e a democracia seja a sua expressão.

Emília Viotti da Costa

Agradecimentos

Toda síntese histórica é construída sobre as palavras participantes e obras dos estudiosos que vieram antes dela, e este livro não é uma exceção a essa regra. As sugestões de leitura que aparecem no fim deste volume refletem essa bibliografia e essas fontes.

Entretanto, em um relato que usa estudos de caso para comunicar a história da revolução chilena vinda de baixo, estou particularmente em débito com os historiadores que estudaram e narraram esses estudos de caso, em especial Mario Garcés, sobre os moradores dos bairros populares de Santiago; Florencia Mallon, sobre a comunidade mapuche de Nicolás Ailío; e Heidi Tinsman, sobre os camponeses e a reforma agrária no vale do Aconcágua. Embora o uso de citações não seja o estilo desta série, eu encorajaria os leitores interessados em aprofundar seu conhecimento a respeito desses estudos de caso a consultar os excelentes livros que esses autores escreveram, todos publicados em espanhol e listados entre as sugestões adicionais de leitura.

Também gostaria de agradecer a Emília Viotti da Costa, por me convidar para escrever este livro e por ser uma editora paciente e compreensiva durante o longo processo de sua gestação. Finalmente, quero agradecer à minha tradutora, Magda Lopes, por transformar minha difícil prosa em inglês em um português compreensível.

Sumário

Lista de abreviaturas *15*

Introdução *17*

1. A terra e o fim do mundo *25*

2. A outra história do Chile *37*

3. O companheiro presidente *59*

4. A revolução chilena *75*

5. Vivendo a revolução *109*

6. A batalha pelo Chile *133*

7. A contrarrevolução *177*

Bibliografia *207*

Oceano Pacífico

A Ilha de Páscoa e a Ilha Sala y Gómez
não são mostradas neste mapa.

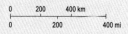

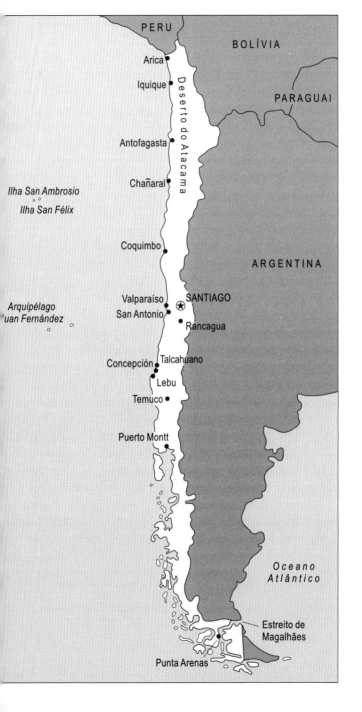

Lista de Abreviaturas

APS   Área de Propriedade Social e Mista
CEPROs   Centros de Produção
CERAs   Centros de Reforma Agrária
CORA   Corporación de la Reforma Agrária
CORFO   Corporación de Fomento de La Producción [Corporação para o Desenvolvimento da Produção]
CORVI   Corporación de la Vivienda
CTCH   Confederación de Trabajadores de Chile
CUPs   Comitês da Unidade Popular
CUT   Central Unitaria de Trabajadores
DINA   Direção de Inteligência Nacional
FOCH   Federación Obrera de Chile
FPMR   Frente Patriótico Manuel Rodríguez
FRAP   Frente de Acción Popular
FRENAP   Frente Nacional do Povo
IWW   International Workers of the World
JAPs   Juntas de Abastecimiento y Precios
MAPU   Movimiento de Acción Popular Unitaria
MCR   Movimiento Campesino Revolucionario
MPR   Movimiento de Pobladores Revolucionarios
MIR   Movimiento de Izquierda Revolucionaria
PCCh   Partido Comunista do Chile
PIR   Partido de Izquierda Radical
POS   Partido Obrero Socialista
PPD   Partido por la Democracia
SNA   Sociedade Nacional de Agricultura
VOP   Vanguardia Organizada del Pueblo

Introdução

Quando cheguei ao Chile, no início de 1972, encontrei uma nação em meio a uma revolução. No meu primeiro dia naquele país, vi índios mapuche protestando diante do palácio presidencial, exigindo a devolução de terras tomadas de seus ancestrais, e encontrei uma reação simpática por parte de Salvador Allende, o *"compañero presidente"*, como era chamado por muitos no Chile. Durante os anos seguintes, visitei uma fábrica e um banco que haviam sido tomados de seus proprietários e eram agora coadministrados pelos funcionários; uma mina de cobre nacionalizada, originalmente de propriedade de uma gigantesca corporação norte-americana; uma fazenda que fora expropriada da família a que pertencia há séculos e entregue à sua força de trabalho camponesa, e uma favela que havia sido transformada em uma comunidade organizada, com sua própria escola, posto de saúde, tribunal e prefeitura. Esse *campamento* optou por se denominar Nueva La Habana (Nova Havana), em tributo à Revolução Cubana, que inspirara seus fundadores.

Mas, diferentemente de Fidel Castro, o presidente Allende chegara ao poder pelas urnas, não pelas balas, e todo o seu "processo revolucionário" foi pacífico, um consciente "caminho democrático para o socialismo", realizado com liberdade de expressão e de imprensa, e eleições multipartidárias regulares e competitivas. Na verdade, a oposição controlava o Congresso, o Judiciário e a maioria da imprensa e dos meios de comunicação de massa.

Entretanto, apesar dessas restrições democráticas, a revolução chilena de Allende parecia quase tão transformadora durante seu primeiro ano quanto a de Fidel Castro em 1959.

Durante esse breve espaço de tempo, ela nacionalizou as "riquezas básicas" do Chile: as minas, que eram responsáveis por três quartos dos lucros das exportações do país e que Allende chamava de "os salários do Chile", e quase todos os bancos privados chilenos, os tesouros do pequeno número de "clãs" financeiros que controlavam a economia capitalista do país. Com a ajuda de uma revolução que partiu dos trabalhadores, dos camponeses e dos moradores das favelas, cujas ações diretas haviam transformado a *toma* – ou ocupação – na marca registrada da revolução chilena, o "governo do povo" de Allende conseguiu o controle de muitas das maiores produtoras e distribuidoras do país e realizou a mais rápida e extensa reforma agrária da história sem uma revolução violenta; uma reforma agrária tão rápida que o primeiro-ministro revolucionário chinês Chou En-lai advertiu Allende de que ele estava indo rápido demais. Além disso, Nova Havana era apenas uma das centenas de comunidades faveladas criadas pela ocupação de terras suburbanas desocupadas em uma revolução de autoajuda vinda de baixo, promovida e auxiliada pelos partidos da coalizão da Unidade Popular de Allende, e constituída por socialistas, comunistas, socialdemocratas e esquerdistas cristãos, ou pelo Movimento de Izquierda Revolucionaria (MIR).

Além disso, o governo da Unidade Popular liderou uma importante redistribuição da renda nacional, redirecionando, durante o primeiro ano de sua gestão, 10% do capital para o trabalho.

A essa redistribuição da renda monetária o governo Allende adicionou programas que proporcionaram significativas transferências de recursos para os pobres, além de importantes melhorias nos padrões de vida da população: desde um maior número de conjuntos habitacionais da história e uma duplicação das consultas médicas gratuitas, até a garantia de pleno emprego para todos os adultos trabalhadores e meio litro de leite por dia para todas as crianças chilenas. Em 1972, o Chile havia se tornado uma das sociedades mais igualitárias da América Latina.

Igualmente revolucionário foi o aumento do poder popular que caracterizou o Chile de Allende. Trabalhadores e camponeses administravam seus locais de trabalho, moradores da periferia dirigiam seus bairros populares, povos indígenas desafiavam décadas de discriminação e opressão. Cada vez mais, o chamado de baixo e da esquerda era para criar o "poder popular", visto mais claramente nos setores industriais e nos comandos comunais que uniam trabalhadores, residentes e camponeses de uma área geográfica em organizações territoriais, as quais transcendiam as limitações legais dos sindicatos e levavam seus defensores mais visionários a imaginá-los como "sovietes" embrionários. Ficou claro para mim que eu estava testemunhando um processo revolucionário único e então comecei a estudá-lo e a acompanhar sua evolução.

Eu não era o único estrangeiro que havia ido ao Chile para testemunhar esse processo.

A *via chilena* de Allende era encarada na época como tão notável e importante que o Chile estava repleto de observadores estrangeiros, a maior parte deles esquerdistas europeus e latino-americanos que esperavam seguir seu exemplo em seus países de origem. Destacavam-se particularmente os esquerdistas de democracias europeias ocidentais, como França e Itália, onde o "eurocomunismo" – fundamentado, como a Unidade Popular do Chile, na aliança entre socialistas e comunistas – era então proeminente no cenário político. Mas havia também muitos latino-americanos, provenientes de países como o Uruguai, – cuja Frente Ampla havia sido formada numa imitação da Unidade Popular do Chile –, ou de países como o Brasil ou a Bolívia, na época governados por regimes militares que faziam a experiência chilena parecer um sonho distante.

Entre esses latino-americanos estavam estudantes que haviam ido ao Chile para ver sua revolução e estudar as ciências sociais marxistas, incluindo muitos que haviam sido exilados de seu próprio país. Entre os mais proeminentes estava José Serra, líder do movimento estudantil brasileiro por ocasião do golpe militar de 1964. O Chile de Allende também atraiu muitos intelectuais e ideólogos de esquerda, como Fernando Henrique Cardoso, Teotônio dos Santos e André Gunder Frank, e outros tantos que duvidavam que ele pudesse ser bem-sucedido. Entre os céticos estava Fidel Castro, embora em 1971 ele tenha passado um mês no Chile, a convite de Allende, ajudando a solidificar o apoio à via chilena dentro da esquerda revolucionária. O "caminho democrático para o socialismo" do Chile interessou e inspirou esquerdistas do mundo todo: como se tratava de um processo revolucionário único, poderia se tornar um novo modelo revolucionário, com forte apelo às sociedades de sólidas tradições democráticas, que, por conta disso, poderiam hesitar em abraçar uma revolução violenta como a cubana.

O próprio Allende estava extremamente consciente da importância histórica da revolução que liderava. "Milhões de pessoas no mundo querem o socialismo, mas não querem ter de enfrentar a tragédia da guerra civil para consegui-lo", disse-me ele em uma entrevista concedida em 1972. Marx havia especulado que nos países com tradições democráticas avançadas seria possível atingir o socialismo de maneira pacífica, mas nenhum país havia até então conseguido essa façanha. A ambição de Allende era ser o primeiro governante da história a conduzir seu povo ao socialismo por meio de uma via democrática.

Em 1972, no entanto, não estava claro se Allende seria bem-sucedido na realização dessa "ambição histórica". Quando cheguei ao Chile, encontrei a nação em meio a uma guerra civil não declarada entre as forças que apoiavam essa revolução e as que se opunham a ela, uma luta que acabava de se tornar visível na Marcha das Panelas Vazias, composta em sua maioria de mulheres de oposição pertencentes às classes média e alta, para protestar pela suposta escassez de alimentos que praticamente não existia no final de 1971, mas que se tornaria cada vez mais séria durante o ano seguinte, juntamente com a aceleração da inflação e outras dificuldades econômicas.

Além disso, em 1972, o conflito de classes se tornaria cada vez mais intenso, e a política, cada vez mais polarizada. A oposição política a Allende se deslocaria dos corredores do Congresso para as ruas e se tornaria cada vez mais violenta e contrarrevolucionária, culminando na Greve de Outubro, uma dispensa temporária dos trabalhadores por parte da classe empresarial do setor privado e uma paralisação dos profissionais de classe média, ambas destinadas a desestabilizar a economia, disseminar o caos social e criar as condições para a deposição de Allende e a reversão de sua via chilena.

Embora a elite chilena não necessitasse de lições sobre como defender seus interesses, nos bastidores os Estados Unidos a estavam apoiando por meio de uma guerra velada contra Allende: planejada para bloquear sua revolução democrática, procurava-se desestabilizar a economia do país e o governo, preparando o campo para um golpe do Congresso ou dos militares. Com a mobilização de trabalhadores e camponeses, de estudantes e moradores dos bairros populares, a Unidade Popular conseguiu não só conter a já mencionada espetacular greve empresarial decretada em oposição ao governo Allende em outubro de 1972, como também aumentar, inesperadamente, sua representação no Congresso na eleição que se seguiu, em março de 1973, pondo um fim no plano da oposição de questionar a confiabilidade de Allende e conquistando mais de dois terços das cadeiras do Congresso.

Entretanto, o impasse político fez com que as elites econômicas e os líderes políticos de oposição procurassem refúgio nos quartéis e apoiassem um golpe militar. Pouco a pouco, as instituições chilenas foram politizadas e polarizadas por esse conflito, até que as Forças Armadas foram atraídas para o turbilhão político. No Chile, houve não apenas um processo revolucionário, mas também um processo contrarrevolucionário.

No fim, a contrarrevolução dos oponentes chilenos e estrangeiros à revolução de Allende, bem como as divisões e os erros dos próprios revolucionários, iriam prevalecer. Assim, em 11 de setembro de 1973, um golpe militar liderado pelo comandante do Exército, general Augusto Pinochet, conduziu a um fim violento a pacífica revolução do Chile. Durante os dias e as noites que se seguiram, sua ditadura militar impôs um reino de terror direitista que provocou o "desaparecimento" de mais de três mil chilenos e "aprisionou" talvez cem mil, muitos dos quais foram torturados.

Entre as vítimas estavam esquerdistas latino-americanos e outros estrangeiros que haviam se refugiado no Chile, ou que passaram a apoiar o processo revolucionário do país e a aprender sobre ele a partir da observação do seu transcurso. O Chile permaneceu sendo um lugar que o mundo todo observava; não mais por causa de sua revolução pacífica, mas agora por conta de sua violenta contrarrevolução.

As lições que os latino-americanos aprenderam com o Chile foram que os Estados Unidos não permitiriam que nenhum tipo de socialismo democrático tivesse sucesso na região, e que os golpes militares, o terror de Estado e os regimes autoritários eram o antídoto para a mobilização popular. O golpe chileno de 1973 deslocou o equilíbrio regional do poder e da dinâmica política. Em 1978, quase toda a América do Sul era governada por regimes militares de direita, deixando os esquerdistas da região sem um refúgio regional ou uma esperança socialista. Em sua esteira, Fidel Castro concluiu que a América Latina não estava ainda madura para a revolução e transferiu suas esperanças revolucionárias e a intervenção cubana para a África.

O Chile de Pinochet – assim como o de Allende – continuaria sendo um líder regional e um modelo para outros países, mas agora como um líder no terrorismo de Estado e um modelo de repressão social. O regime de Pinochet iniciou e coordenou a Operação Condor, uma rede de terror de Estado que uniu os regimes militares direitistas do Cone Sul – Chile, Brasil, Argentina, Uruguai e Paraguai –, sua inteligência militar e a polícia política em uma guerra velada contra os esquerdistas refugiados em qualquer um dos países da região. Os assassinatos na Argentina do general chileno Carlos Prats, comandante do Exército de Allende, e dos líderes do Congresso uruguaio Zelmar Michelini e Hector Ruiz Gutierrez, foram os mais ostensivos dessa operação na América do Sul.

O assassinato do embaixador e ministro da defesa de Allende, Orlando Letelier, no centro de Washington, foi o crime mais espetacular da Operação Condor.

O Chile de Pinochet também se transformaria em um modelo de contrarrevolução que outros regimes autoritários tentariam imitar. Essa contrarrevolução conseguiu reverter a maioria das "mudanças" introduzidas pela revolução chilena, privatizando as empresas que haviam sido nacionalizadas pela Unidade Popular, banindo os partidos políticos e os sindicatos de esquerda, e esmagando o "poder popular" de trabalhadores, camponeses e pobres urbanos.

Em seu lugar, o regime de Pinochet e de seus Chicago Boys* tecnocratas promoveu uma "revolução" capitalista neoliberal que transformou o mercado no regulador tanto da economia quanto da sociedade. Essa política conduziria o Chile, no início da década de 1980, à pior crise econômica do século, a um índice de pobreza de quase 45%, e ao segundo pior índice de desigualdade social na América Latina, ficando à frente apenas do Brasil. Porém, anos depois, em uma versão modificada e mais pragmática, as políticas neoliberais levariam o país a uma notável década de alto crescimento econômico com baixa inflação e baixo desemprego, período que viria a ser conhecido como "milagre chileno".

Entretanto, a maior parte desse sucesso econômico viria após a derrota de Pinochet em um plebiscito realizado em 1988 e com a restauração da democracia sob o governo da coalizão de centro-esquerda, a Concertación – incluindo um Partido Socialista "renovado" –, que governaria o Chile durante duas décadas. A combinação de economia neoliberal e preocupação social reduziria em mais da metade o legado de pobreza de Pinochet e criaria um "neoliberalismo com uma face humana", que transformaria o país mais uma vez em um modelo a ser seguido, um modelo de democracia neoliberal cujos líderes iniciaram suas carreiras políticas durante a revolução chilena. Também elegeria Ricardo Lagos em 2000 como o primeiro presidente socialista do Chile desde Allende, e Michelle Bachelet, em 2006,

---

* Para comandar a economia, Pinochet escalou os chamados Chicago Boys, estudantes com pós-graduação na Universidade de Chicago e seguidores das teorias do economista liberal Milton Friedman. (N.E.)

como a primeira presidente mulher do país, uma socialista que havia iniciado seu ativismo político como estudante durante a via chilena de Allende e que ainda era inspirada por seus valores, embora não mais por seu programa revolucionário.

Atualmente, uma estátua de Allende abrilhanta a praça diante do palácio presidencial onde ele morreu, arma em punho, resistindo ao golpe militar. No interior do La Moneda, seu retrato adorna as paredes, juntamente com uma fotografia do palácio presidencial em chamas, incendiado pela própria Força Aérea chilena. Em 2008, o canal de televisão nacional do Chile organizou uma pesquisa para saber quem os chilenos de hoje consideram as maiores figuras heroicas do país. Allende ficou em primeiro lugar, na frente até mesmo de Arturo Prat, herói militar do século XIX. Pinochet não figurou sequer entre os dez mais citados. O túmulo de Allende é atualmente um local venerado; Pinochet não tem nem mesmo um túmulo, porque sua família temeu que ele pudesse ser profanado. Pinochet pode ter destruído a revolução de Allende, mas Allende venceu a batalha da história e da memória.

A partir do 30º aniversário do golpe militar, em 2003, ativistas e intelectuais da era Allende surgiram em número crescente para contar e escrever suas histórias. Como resultado, a nova geração vem redescobrindo a história da revolução que esteve próxima de ser uma revolução singularmente democrática, tanto em sua forma quanto em seu conteúdo, inclusive uma revolução vinda de baixo, que gerou um "poder popular" sem precedentes.

Hoje, quando quase toda a América Latina é governada por governos democráticos e por presidentes da esquerda democrática, o "caminho democrático" da revolução chilena parece mais relevante que a violenta Revolução Cubana. Significativamente, em sua posse, em agosto de 2008, Fernando Lugo, o novo presidente democrata-cristão do Paraguai e ex-bispo católico, citou como uma inspiração Salvador Allende e seus esforços "para construir uma sociedade melhor". Permanece importante analisar a revolução chilena de Allende – e aprender com a sua experiência.

Nova York
Outubro de 2008

1. A TERRA E O FIM DO MUNDO

Chile, em uma de suas línguas indígenas, significa "terra no fim do mundo". É um nome apropriado para a mais remota das colônias americanas da Espanha. Geograficamente, o Chile é o país mais isolado da América do Sul. Ao norte, é separado do Peru pelo deserto mais árido do continente. A leste, é separado da Argentina e da Bolívia pelas mais altas montanhas do hemisfério. Seu limite ocidental é o maior oceano do mundo, enquanto sua fronteira meridional é a Antártica. Esse isolamento geográfico reforçou a crença chilena na singularidade da sua experiência nacional.

Do ponto de vista geográfico, o Chile é o oposto do Brasil: ao contrário deste, não é um imenso país continental, com um vasto interior a ser explorado e aproveitado. Em vez disso, é uma faixa estreita de terra entre o oceano Pacífico e as montanhas andinas, com 4.200 km de extensão, mas em média apenas 140 km de largura, o que o escritor e pesquisador Benjamín Subercaseaux chamou de "uma geografia louca". Não obstante, sua área total é mais ou menos a mesma da França. Também ao contrário do Brasil, as hidrovias mais importantes do interior do país são lagos, não rios. Suas terras mais férteis são os vales montanhosos, não as baixadas fluviais; suas florestas são temperadas, não tropicais; sua região mais meridional é frígida, não semitropical.

Mas apesar de sua largura estreita e de sua área limitada, o Chile, que se estende dos trópicos até a Antártica, tem uma geografia tão notavelmente diversa que Gabriela Mistral, a primeira poeta chilena laureada com o prêmio Nobel, descreveu o país como uma "síntese do planeta":

Ele começa no deserto, que é como começar com uma esterilidade que não ama homem algum. É humanizado nos vales. Cria um lar para os seres humanos na ampla zona agrícola fértil. Assume uma grandiosa beleza silvestre no fim do continente, como se para terminar com dignidade, e finalmente se desmorona – oferecendo meia vida, meia morte – no mar.

A "geografia histórica" do Chile, porém, é menos poética. Embora os espanhóis tenham invadido o país pelo Peru, eles concentraram sua colônia nos vales férteis do Chile central, evitando os desertos adversos do norte. A exceção foi a cidade portuária nortista de Arica, onde a prata das grandes minas de Potosí (no planalto da Bolívia) era carregada para os navios que iniciavam as primeiras etapas da longa jornada até Sevilha ou Manila. No sul, a resistência dos indígenas transformou o rio Bio-Bio em uma zona de guerra, onde os mapuche, o mais numeroso dos povos indígenas do Chile, detinham o avanço dos europeus no limite da floresta temperada. Pouco a pouco, a colônia se expandiu para o norte até o semiárido Norte Chico, atraída por seus filões de prata e cobre e pela necessidade de manter comunicações com o Peru.

Entretanto, só no final do século XIX, um Chile independente tomaria posse do pampa desmatado de árvores do Grande Norte, travando a Guerra do Pacífico (1879-1883) para se apoderar dos recém-descobertos e valiosos desertos de nitrato do Peru e da Bolívia. Essa mesma época testemunhou não apenas a derrota dos mapuche pelas mãos do Exército chileno abastecido por ferrovias e armado com rifles de repetição, mas também assistiu à colonização de suas florestas e campinas dos Alpes por parte de imigrantes trazidos do sul da Alemanha com esse propósito.

A derrota dos mapuche criou um vazio de poder na Patagônia que tanto o Chile quanto a Argentina competiram para preencher. Isso conduziu à absorção das encostas ocidentais florestadas dos Andes pela nação chilena, juntamente com as ilhas e terras da Patagônia ocidental e a Terra do Fogo, que o Chile dividiu – e disputou – com a Argentina. Essa briga quase levou os dois rivais à guerra por conta das ilhas antárticas e da calota polar da Patagônia, no final do século XX. Como nos Estados Unidos, a colonização e posterior expansão do Chile foram um processo violento, à custa de seus vizinhos e dos povos indígenas. Sua "geografia louca" foi forjada com balas e sangue.

A localização isolada e a geografia física singular do Chile alimentaram sua percepção da diferença. Mas sua geografia humana – e mitologia nacional – é também muito diferente da de seus vizinhos (diferente da do Brasil, por exemplo). A população do Chile foi sempre menor e menos espalhada. Também foi sempre menos diversificada (que a do Brasil ou do Peru), com menos africanos ou asiáticos. Seu maior grupo indígena, o povo que agora conhecemos como Mapuche, um povo guerreiro com um sistema político descentralizado e uma cultura material modesta, resistiu com sucesso, durante três séculos, à conquista pelos espanhóis. Somente um número limitado de europeus migrou para o Chile durante o período colonial, e o país (ao contrário do Brasil) não recebeu uma maciça imigração europeia no final do século XIX e início do século XX, embora um número significativo de alemães, italianos, eslavos, árabes e judeus tenha imigrado para território chileno. Além disso (diferentemente do que ocorreu no Brasil), o Chile não tem uma população de descendência africana. Como resultado, os índios capturados ou escravizados formaram a força de trabalho inicial da nação, até que, no século XVIII, a mistura racial criou uma força de trabalho mestiça subordinada.

Se o mito moderno diz que o Brasil é uma democracia racial, o mito moderno do Chile afirma que esta é uma nação racialmente homogênea, fruto da fusão de duas "raças" guerreiras, os espanhóis e os mapuche, cuja bravura e habilidades militares foram celebradas na primeira ficção do país, *La araucana* [*As guerras araucanianas*]. Escrito por Alonso de Ercilla, soldado espanhol que combateu nessas guerras, esse épico é singular no elogio às virtudes dos inimigos "bárbaros" do império europeu, cuja resistência obrigou os espanhóis a aceitar a fronteira colonial no limite da zona de florestas, que era o centro da área dos mapuche, e a conservar ali um raro exército permanente para mantê-la. Hoje, mais de um milhão dos quinze milhões de chilenos que habitam o país reclamam a ancestralidade mapuche, embora a maioria deles seja mais urbana do que rural. Grupos menores de falantes de aymara habitam os planaltos nortistas contíguos à Bolívia, mas os povos indígenas do extremo sul estão atualmente extintos, devido à política consciente de extermínio por parte de chilenos que disputavam suas terras.

No entanto, as elites chilenas se orgulham de sua ancestralidade e cultura europeias. Historicamente, encaravam seu *"bajo pueblo"* com um preconceito de classe que mascarava um racismo que igualava os da classe baixa aos indígenas ou mestiços, sem jamais usar a palavra "raça". As elites consideravam a maioria dos habitantes do país *rotos*, os arruinados da sociedade chilena, que nunca conseguiriam melhorar de vida e que precisavam ser coagidos pelo controle social a contribuir com sua mão de obra não especializada para o progresso da nação – e para a riqueza da elite.

A história do Chile também é muito diferente da história do Brasil. Para começar, os mapuche, maior grupo indígena do país, nunca foram conquistados ou subordinados durante o período colonial, limitando a colônia espanhola ao território ao norte de sua fértil terra florestal. Embora nos séculos XIX e XX o Chile tenha ficado famoso por sua riqueza mineral – prata, nitratos, cobre –, durante o período colonial não era visto como colônia de grande valor econômico. Seu lugar no império espanhol era antes o de um posto estratégico, cujo papel era impedir inimigos estrangeiros, como o pirata Sir Francis Drake, de atacar o Peru e tomar sua lendária prata, a tábua de salvação financeira de sucessivos monarcas de Madri.

A economia chilena inicial foi a agricultura de subsistência, sucedida no tempo por uma economia de criação de gado, que precisava de pouca mão de obra e que encontrou um mercado próspero nas peles de carneiro que carregavam o mercúrio tóxico de Huancavelica, no Peru, para refinar o minério de prata em Potosí, enquanto caixas de couro transportavam as barras de prata de Potosí para o porto de Arica, de onde eram baldeadas para a Europa ou a Ásia. Mas os vales férteis e abundantes em recursos hídricos do Chile continham rica terra agrícola, e quando um terremoto devastou a agricultura peruana no final do século XVII, as fazendas chilenas preencheram o vazio e assumiram o suprimento da capital do vice-reino com grãos e outros produtos alimentares. A isso acrescentou-se a modesta renda das minas de cobre do norte e a venda de alimentos e produtos artesanais ao Exército espanhol sediado ao sul da colônia, na fronteira mapuche.

Como não se considerava que o Chile tivesse as riquezas do Peru, para atrair colonos para essa colônia estrategicamente importante, Madri estava disposta a lhes conceder privilégios negados aos colonos que se dirigiam a outros lugares. A *encomienda*, sistema que garantia que os colonos pagassem o tributo e as cobranças de impostos da Coroa, foi desativada na maior parte do império espanhol no século XVII, mas se manteve no Chile até o final do século XVIII, o que permitiu aos colonos constituir a base das grandes fazendas do país. A escravidão dos índios, também banida na maior parte do império, era permitida no Chile, e os prisioneiros das guerras com os mapuche ou os huarpe eram alocados no lado argentino dos Andes e levados de volta para o Chile, vindos da região de Cuyo, sob a administração da cidade de Santiago. No século XVIII, no entanto, a maior parte da mão de obra das propriedades rurais chilenas provinha dos *inquilinos* mestiços, peões residentes que trocavam sua força de trabalho por casa e um pouco de terra para plantar, mas que continuavam dependentes da boa vontade do dono da terra.

Nessa época, uma elite chilena se consolidou com base na terra, suplementada pela mineração e pelo comércio. Durante o século XVIII, tornou-se cada vez mais rica graças à força de trabalho dependente e aos lucros combinados de suas fazendas, minas e exportações. Essa elite aristocrática casava suas filhas com altos funcionários e oficiais do Exército de origem espanhola, educava seus filhos em escolas jesuítas e usava sua riqueza e influência para elevar o *status* de suas linhagens.

Em suas propriedades rurais (como o senhor de engenho brasileiro), a elite colonial chilena era na verdade constituída de senhores que distribuíam justiça e benesses em igual medida, servindo como padrinhos das crianças de "seu povo" (seus *inquilinos*), mas também como juízes e júris para as ofensas contra sua ordem social rural. Construíam suas residências urbanas em cidades como Santiago, que de simples aldeia em 1700 passou a próspera capital provincial um século mais tarde, com uma arquitetura neoclássica, uma casa da moeda e uma nova catedral.

Porém, apesar da crescente prosperidade, a elite chilena permaneceu composta de aristocratas austeros que não ostentavam sua riqueza e cujo modelo era a Roma republicana, não a imperial. Os relatos dos viajantes pintam um retrato de sobriedade, em que os membros da elite preferiam cores neutras e discretas, reflexo de um conservadorismo social ainda verdadeiro no Chile de hoje (bem diferente da elite brasileira do fim do período colonial). Foi essa elite aristocrática que moldou a história e as instituições no século e meio seguinte, às vezes em diálogo com a maioria pobre do país, no entanto, mais frequentemente em tensão com seus trabalhadores, camponeses e povos indígenas.

Os dois estilos podiam ser vistos durante a luta pela independência do Chile, que teve início em 1811, com uma declaração de independência. Entretanto, as divisões nas fileiras dos patriotas permitiram que os espanhóis do Peru reconquistassem o Chile em 1814. Finalmente a independência chilena se concretizou, em 1817, com a ajuda do poderoso Exército argentino de José de San Martín, cuja travessia épica da cordilheira dos Andes é celebrada pelos dois países.

O companheiro de batalha chileno de San Martín foi Bernardo O'Higgins, filho ilegítimo de um dos últimos governantes espanhóis do país, que acreditava que o seu papel era "trazer o bem [aos chilenos] pela força". O'Higgins governou como dirigente supremo até ser obrigado a abdicar, em 1822. O restante da década assistiu à experiência fracassada do federalismo sob a tutela de governantes liberais anticlericais, que foram finalmente derrotados pelos conservadores liderados por Diego Portales, em 1830.

Comerciante de profissão, elitista de nascimento e autocrata por instinto, Portales era um conservador pessimista que acreditava que somente "o peso da noite", a ignorância dos chilenos plebeus, permitia que as elites governassem em seu nome.

Caso esse peso fosse erguido, advertia ele, as elites chilenas teriam de governar pela força, que, segundo ele, "é o remédio para curar qualquer nação, por mais inveterados que sejam seus maus hábitos". Durante as décadas seguintes, sempre que a maioria pobre do país questionava o direito dessa elite de governar, ou o sistema social desigual que ela defendia, a força se mostrava evidente. A Constituição conservadora de 1883 estabeleceu uma república autocrática em que administradores poderosos governavam um Estado centralizado, com eleições manipuladas e a repressão a seus oponentes. Cento e quarenta anos mais tarde, outro autocrata, o general Augusto Pinochet, evocava Portales como sua inspiração. Ambos davam maior prioridade à estabilidade do que à liberdade, aterrorizavam seus oponentes e aceitavam poucas restrições às próprias ações. Ambos institucionalizaram e legitimaram suas mudanças por meio de uma Constituição autoritária. Portales, no entanto, também buscou consolidar a lei e a ordem e estabelecer a moralidade pública. A disciplina fiscal e o crescimento econômico eram outros objetivos que ambos compartilhavam, bem como a suposição de que um governo autoritário era precondição para o avanço econômico.

A consolidação desse Estado portaliano sob três presidentes fortes, que governaram durante uma década cada um, proporcionou ao Chile uma estabilidade e uma força que contrastavam com a desordem e os levantes nas repúblicas vizinhas. Diante disso, há quem argumente que o Chile foi o primeiro Estado-nação moderno da América espanhola. As vantagens disso foram enfatizadas pelas vitórias militares chilenas sobre o Peru e a Bolívia em 1839. Também se refletiriam em uma administração eficiente que promoveu décadas de crescimento econômico, em colaboração com comerciantes ingleses e de outras nações europeias, que tornaram Valparaíso o principal porto da costa do Pacífico na América do Sul.

Durante toda a metade final do século XIX, o Chile continuou sendo uma sociedade predominantemente rural e de economia agrícola, mas a maior parte da sua renda de exportação provinha da mineração de prata e cobre. As exportações de trigo e farinha multiplicaram-se, alimentando as corridas do ouro da Califórnia e da Austrália e encontrando mercados também na França e na Alemanha. Entretanto, a prosperidade do Chile permaneceu dependente das exportações de metal, cujos preços declinaram na década de 1870, causando uma crise econômica aprofundada pelo fracasso da safra do trigo entre 1876 e 1877.

A solução do Chile para essa crise foi provocar outra guerra contra o Peru e a Bolívia sobre a posse de seus desertos áridos no norte do Chile, cujos nitratos naturais estavam então em demanda para o uso em produtos químicos, explosivos e fertilizantes em uma Europa em processo de industrialização.

Quando as nuvens da Guerra do Pacífico (1879-1883) clarearam e as negociações diplomáticas e as manobras do mercado foram concluídas, a bandeira do Chile tremulou sobre os desertos ricos em nitrato do Grande Norte, e o dinheiro britânico se apropriou das minas. Esta combinação – o Estado chileno garantindo estabilidade política e social, e os britânicos proporcionando capital, tecnologia e mercado – conduziria ao *boom* do nitrato chileno, de 1884 a 1914, que enriqueceu as companhias britânicas e a elite do país, mas a um alto custo social para seus trabalhadores, que trabalhavam do nascer ao pôr do sol em condições ultrajantes, eram pagos com fichas só resgatáveis nas lojas das companhias para as quais trabalhavam e sujeitos a castigos corporais em seu próprio país por administradores britânicos, sem qualquer julgamento ou apelação.

As greves e lutas dos mineiros foram lendárias, assim como as punições impostas pelas companhias britânicas. Quando estas não foram suficientes para manter o controle social, os proprietários britânicos das minas pediram a ajuda do Estado chileno, o que culminou com o massacre em 1907 de talvez mil mineiros grevistas, suas esposas e filhos, metralhados pelo Exército chileno na escola de Santa Maria, na cidade portuária de Iquique, no norte do país, onde eles foram se queixar das injustiças que estavam sofrendo. Evidentemente, o Estado e a elite chilenas que o Exército representava estavam mais inclinados a usar a força do que a dividir o bolo.

Mas a própria elite chilena estava dividida acerca da melhor maneira de usar os lucros derivados do nitrato. O presidente liberal José Balmaceda argumentava a favor de negociar com os britânicos, para conseguir uma parcela maior do lucro dos nitratos para o Chile, e defendia o uso de parte desse lucro para expandir o Estado centralizado, forjar a infraestrutura da nação e promover a indústria nacional. Também procurou usar o poder do Estado para limitar os monopólios britânicos privados e encorajar a posse chilena dos campos de nitrato. Seus oponentes mais conservadores no Congresso, muitos deles grandes proprietários de terras, receavam perder os lucros do nitrato, a eles repassados pelo governo anterior por meio dos bancos locais. Temiam ainda que Balmaceda utilizasse os recursos largamente aumentados do governo central à sua clientela para manipular as eleições e garantir a vitória de um sucessor liberal. Uma retração no mercado do nitrato e a explosão da agitação da mão de obra nos campos de extração exacerbaram a tensão política. O resultado foi uma guerra civil em 1891 que os oponentes de Balmaceda no Congresso venceram com a ajuda de dinheiro britânico, navios de guerra franceses e armas e soldados alemães. Balmaceda, o presidente chileno que Salvador Allende mais admirava, cometeu suicídio – uma trajetória que apresenta estranhas semelhanças com a de Allende, oito décadas depois.

O *boom* do nitrato acarretou o custo político da guerra civil e a imposição de uma república parlamentar elitista, que durou de 1891 a 1925, período durante o qual a existência de muitos partidos políticos e rivalidades pessoais não conseguiu esconder a base social estreita e visão política limitada de Balmaceda.

Além disso, apesar da prosperidade e do crescimento que provocou, o apogeu do nitrato também impôs custos econômicos ponderáveis ao Chile. O mais importante foi um século de inflação, que se tornou a doença crônica do país. Outro custo foi a dependência de um volátil mercado de nitrato europeu, que estava além do controle chileno e sujeito a choques externos, dos quais o maior seria a Primeira Guerra Mundial, que tirou do Chile os importantes mercados alemães, levando a Alemanha a inventar nitratos sintéticos, destruindo assim o mercado dos nitratos naturais e pondo fim à bonança que haviam propiciado.

Os benefícios econômicos e sociais que as elites acumularam graças ao *boom* do nitrato foram tão grandes que os custos passaram despercebidos. Os lucros do nitrato não só contribuíram para a modernização das Forças Armadas e a expansão do Estado, mas também para a transformação da própria elite. Distribuídos para as elites por meio de empréstimos dos bancos locais a índices de juros negativos, os lucros do nitrato chileno permitiram-lhes satisfazer suas pretensões euréfilas e fantasias aristocráticas. Nas suas propriedades rurais, as elites chilenas construíram mansões e parques esculpidos que ofereciam profundo contraste com as casas simples de seus *inquilinos*. Nas cidades, ergueram verdadeiros palácios que exibiam seu *status* elevado, enquanto os trabalhadores viviam em esquálidas favelas urbanas (*conventillos*) ou em barracos suburbanos (*ranchos*). Reconfiguraram as cidades de acordo com os últimos projetos europeus, construíram teatros e prédios governamentais que atestavam seu cosmopolitismo e refinamento, como a transformação de espaços públicos em parques e monumentos que enfatizavam as aspirações das elites do Chile, pondo uma face de virtude cívica na transformação privada de sua cultura material, *status* social e autoimagem. Para as elites chilenas, a era do nitrato foi uma era de ouro.

Portanto, não é de espantar que em 1910, centenário da independência do país, as elites chilenas se orgulhassem do que seu século de liderança nacional havia realizado, começando pela consolidação inicial de um Estado centralizado com governo constitucional, lei e ordem. Para as elites, as histórias do país eram histórias de constituições escritas e ratificadas, instituições estabelecidas, leis promulgadas, obras públicas construídas e avanços econômicos. Seus livros retratavam uma sociedade e uma cultura em que o progresso do Chile era o lema, e a Europa, o modelo.

Mas havia outra visão, muito diferente, da história do Chile. Uma visão nascida das camadas subalternas, através dos olhos e das experiências de índios, *inquilinos*, mineiros, trabalhadores urbanos e empregados domésticos. Para eles, a orgulhosa "democracia" parlamentar, por meio de exigências de alfabetização, não apenas limitava sua participação política, pois mesmo quando puderam eleger um representante para o Congresso, não lhe foi permitido assumir o cargo, como aconteceu em 1906 com o porta-voz dos trabalhadores, o jornalista Luis Emilio Recabarren, que foi rejeitado pela Câmara dos Deputados por não ter suficiente "moral", um julgamento elitista da visão política desse jornalista, não da sua ética. Para essas camadas subalternas, o alardeado progresso econômico do país foi construído com seu trabalho árduo, mas ainda assim foram excluídas de uma parcela justa de seus benefícios. A maioria dos chilenos vivia na destituição completa e na miséria, com um dos mais elevados índices de mortalidade infantil do mundo, enquanto as elites do Chile estavam cada vez mais ricas em consequência da má remuneração dos trabalhadores chilenos. Para essa maioria, a famosa lei e ordem do Chile era mera justiça de papel, em que os tribunais tomavam dos mapuche as terras que o Estado chileno lhes havia concedido, em que as pessoas do campo que não queriam se tornar *inquilinos* dependentes em uma fazenda ou granja eram perseguidas – e processadas – como vagabundos. Para eles, o Chile era um país em que os mineiros eram pagos com fichas só resgatáveis nas lojas das companhias para as quais trabalhavam, e quando protestavam, eram massacrados com suas esposas e filhos pelo Exército chileno.

Na época, os setores mais esclarecidos da elite preocupavam-se cada vez mais com o que chamavam de "questão social", em que os problemas sociais da pobreza e da marginalidade ameaçavam conduzir a um levante social e a transformar-se em questões políticas. Em 1910, alguns dos intelectuais recém-críticos do Chile não falavam de uma celebração, mas de uma crise – ao mesmo tempo social e moral –, cujo perigo a maior parte da elite ignorava, assim como ignorava o bem-estar da maioria pobre do seu país.

No devido tempo, esse outro Chile – a maioria de seus cidadãos – iria se livrar do "peso da noite" que o mantinha sob o domínio das elites do país e exigir uma parcela justa da torta econômica que seu trabalho produzia, assim como igualdade diante da lei e como cidadãos, bem como programas estatais que reduzissem sua pobreza e proporcionassem a seus filhos uma chance de ser saudáveis e educados, e de sonhar com um futuro melhor. Quando chegasse a hora, eles partiriam, como disse um trabalhador em 1970, "para de alguma forma nos libertar".

Quando isso acontecesse, haveria uma revolução no Chile. Mas segundo o discurso de democracia do país, seria uma revolução singularmente democrática, que o mundo conheceria como *la vía chilena* – "o caminho chileno para o socialismo". Essa revolução chilena é o tema deste livro.

2. A outra história do Chile

La araucana, de Ercilla, mencionada no capítulo anterior, conta a história dos fracassados esforços espanhóis para conquistar os mapuche, ou o povo indígena araucaniano do sul do Chile. O autor, um nobre espanhol que combateu nas Guerras Araucanianas, tem uma grande admiração pela coragem e virtudes de seus oponentes indígenas. O herói da obra não é o autor nem seu comandante, Pedro de Valdivia, mas Lautaro, líder mapuche que se tornou cavalariço no estábulo de Valdivia para aprender os métodos de guerra espanhóis e como derrotar sua cavalaria. Quando a crueldade dispensada por Valdivia aos mapuche provocou a rebelião destes, Lautaro retornou ao seu povo e os conduziu à vitória sobre o comandante espanhol, a quem executaram despejando-lhe ouro derretido garganta abaixo e dizendo: "Eis o ouro pelo qual você matou".

Lautaro pode ser uma personagem de ficção, e suas palavras, apócrifas, mas, para muitos chilenos, a história alternativa de seu país começa com os mapuche e sua resistência à Conquista Espanhola, uma resistência que foi bem-sucedida, pois manteve exércitos e colonizadores europeus e chilenos acuados por mais de três séculos. Além disso, nessa época, os mapuche aprenderam a montar o cavalo europeu melhor que os próprios espanhóis, adaptando-o à guerra de guerrilha não ortodoxa na qual eram especialistas. Também usaram o cavalo para cruzar os caminhos das montanhas e controlar os pampas argentinos, que abasteciam com produtos espanhóis, criando um "império" informal patagônico mapuche, um império de um tipo muito diferente daquele que Valdivia havia imaginado. Rebeldes com causa, já em 1872 os mapuche eram suficientemente fortes –

e ousados – para invadir Buenos Aires, embora a próxima década viesse a testemunhar sua derrota pelas mãos de soldados chilenos e argentinos equipados com armamentos modernos.

A bravura dos mapuche conquistou a admiração de seus inimigos espanhóis e se introduziu no mito estabelecido no Chile de que o povo chileno foi forjado pela mistura de duas raças guerreiras – os espanhóis e os mapuche. Isso foi então usado para explicar por que o Chile vencia todas as guerras que travava e se tornou mais um elemento na construção da lenda acerca da excepcionalidade do país.

Mas a genealogia da esquerda chilena não está confinada aos mapuche. Na época da independência, sua chama foi mantida viva pelas guerrilhas dos mestiços de Manuel Rodriguez, que conseguiram mobilizar "*el bajo pueblo*", mas não podiam competir com o padrão elitista de um Bernardo O'Higgins. Depois de conquistada a independência, essa tocha foi passada aos grupos urbanos das cidades pré-industriais do Chile, cujas demonstrações de rua e os saques a lojas durante os muitos levantes políticos desse período de instabilidade preocuparam as elites do país e motivaram o uso do Estado portaliano para disciplina-los com trabalho forçado e castigos corporais. Aos rebeldes urbanos somaram-se os errantes rurais, que se recusavam a ser presos por vínculos de obrigação e disciplina ao dono da terra, preferindo se arriscar fora da *hacienda*, roubando gado ou realizando trabalhos ocasionais como diaristas em uma fazenda e se refugiando em território mapuche quando a lei saía à sua procura.

Esses "errantes" e trabalhadores diaristas de espírito livre foram vistos como ancestrais dos rebeldes mineiros de nitrato do Norte Grande após 1880 – muitos deles migrantes rurais do Vale Central –, cujas greves gerais e organizações *mancomunales* tornaram-se lendárias em sua própria época e parte do mito fundador da esquerda chilena. Foi nas minas de nitrato do norte do país após 1880 que o capital estrangeiro transformou os "escritórios" artesanais de nitrato em fábricas na *salitrera* dos pampas, com máquinas modernas e luzes elétricas para operar 24 horas por dia após 1900. Ali os trabalhadores davam expediente por longas horas, sob uma disciplina férrea, em troca de salários mínimos pagos com fichas que só tinham valor nas lojas das companhias e para a troca por produtos de baixa qualidade, vendidos a altos preços de monopólio. Como consequência, era nessas minas de nitrato que o trabalho e o capital se enfrentavam diariamente, de forma mais visível em 1890 – e foi nessas mesmas minas que teve início um poderoso movimento por parte da força de trabalho regional. Durante as últimas décadas do século XIX, a rebelião dos mineiros de nitrato do norte, que eram tão individualistas quanto solidários, tornou-se mais concentrada, mais confrontadora, mais política, mais disseminada e também mais bem organizada.

Iniciando com a greve geral de 1890 e culminando com a greve geral de 1907, os mineiros demonstraram seu poder e disposição para fechar a indústria de nitrato do norte, da qual dependia a prosperidade e a estabilidade do Chile. Os sucessos desses organizados trabalhadores do nitrato foram celebrados pela imprensa trabalhista e por líderes trabalhistas progressistas, como o jornalista Luis Emilio Recabarren; mas eles eram temidos por seus chefes, em sua maioria estrangeiros, e por uma enfurecida elite chilena, que com frequência enviava o Exército ao local para restaurar a ordem. Esses violentos esforços do Estado para disciplinar os mineiros – dos quais o de Santa María de Iquique foi o mais notório, porém de modo algum o único – pontuam essa história alternativa do Chile.

Em 1969, às vésperas da eleição de Salvador Allende e do início de sua via chilena, uma cantata popular sobre o massacre de 1907, de autoria de Luis Alvis e interpretada pelo grupo Quilapayún, um dos principais grupos do movimento Novo Canto do Chile, levantou o espectro de uma repressão similar nessa era de organização e militância popular caso o povo não se mantivesse unido e vigilante. Foi um uso presciente da história, pois o "processo revolucionário" de 1970 a 1973 terminaria tragicamente, com um golpe militar violento e uma repressão do movimento popular ainda mais terrível do que a ocorrida em 1907.

Para muitos, a esquerda chilena emergiu da resistência dos mineiros nos campos de nitrato do norte na virada do século XX. Para outros, ela teve início em 1850, na região central do país, com Francisco Bilbao e Santiago Arcos e sua fundação da Sociedade da Igualdade, a primeira tentativa de mobilizar os chilenos não pertencentes à elite por parte de populares. Bilbao e Arcos foram influenciados pelos ideais da Revolução Francesa, e Bilbao também se inspirou na Revolução de 1848, que ele havia testemunhado em Paris. Na prática, no entanto, apesar da ênfase na razão, na liberdade e na igualdade, o programa de Bilbao e Arcos era uma promoção menos radical de educação para os artesãos do Chile, uma estratégia de aprimoramento individual e ascensão de classe que tinha pouco a ver com os jacobinos, por eles tão admirados. Socialmente, seus esforços para "regenerar o povo" conduziram às sociedades de ajuda mútua, que começaram a se formar durante a década de 1850, mas que realmente decolaram no decorrer dos dez anos seguintes, juntamente com as escolas noturnas e instituições culturais para os trabalhadores.

A década de 1860 também assistiu às primeiras grandes greves, iniciada principalmente por artesãos cujo trabalho fora prejudicado pela importação de produtos estrangeiros, ou pelos trabalhadores do setor de transportes da economia de exportação. Em toda parte, os movimentos dos trabalhadores refletiam mudanças nas estruturas e conjunturas econômicas – a lenta emergência das indústrias nas cidades, a industrialização da mineração e o *boom* do nitrato no norte, bem como uma expansão da mineração do carvão no sul e os ciclos de crescimento e queda desses produtos.

Durante a profunda recessão econômica do final da década de 1870, com o intuito de garantir seu trabalho e subsistência, os movimentos de artesãos se uniram aos dos trabalhadores industriais e seus chefes, em demonstrações maciças que exigiam proteção para a indústria chilena contra concorrentes estrangeiros, os quais colocavam no mercado produtos mais baratos.

A Guerra do Pacífico que o Chile provocou em 1878 foi em parte uma estratégia para resolver essa questão social, pondo fim à recessão econômica por meio da conquista dos ricos depósitos de nitrato dos desertos do norte. O apogeu do nitrato que se seguiu, no entanto, refletiu uma industrialização das minas sob o comando de proprietários estrangeiros, que impuseram baixos salários e terríveis condições de trabalho e de vida a seus trabalhadores, a maioria chilenos, cujas reações organizadas transformariam a esquerda do país. A greve geral de 1890, que teve início nas minas de nitrato do norte, mas cujo epicentro fundamental foi o porto chileno de Valparaíso, foi um grande marco da divisão entre uma era em que o movimento popular era liderado por artesãos e trabalhadores especializados e sua organização característica era a mutual, e outra em que os trabalhadores braçais eram a vanguarda do movimento e os sindicatos ou *mancomunales* regionais eram suas organizações preferidas. As ideologias também mudaram durante as décadas seguintes – de um liberalismo popular para a democracia social, o socialismo, o anarquismo e o comunismo –, o mesmo acontecendo com as políticas dos movimentos trabalhistas.

Politicamente, a organização dos artesãos do Chile conduziu a alianças com os partidos políticos mais progressistas da época – primeiro com os liberais nas guerras civis da década de 1850, depois com o Partido Radical secular (1863), cuja base da classe trabalhadora se dividiu e se uniu ao novo Partido Democrático (1887). Esse partido, cujo objetivo proclamado era "a libertação política, econômica e social do povo", evoluiria para um partido democrático social com uma forte presença dos trabalhadores, tanto em sua liderança quanto em sua base social, mas ainda dominado por artesãos, trabalhadores especializados e intelectuais de classe média.

Em uma época em que apenas 5% dos chilenos votavam, apesar da remoção das qualificações de propriedade para o sufrágio, em 1888, o envolvimento dos trabalhadores na política formal era limitado, e aqueles que votavam em geral davam seus votos aos candidatos populistas que haviam adotado um discurso pró-trabalhadores justamente para ganhar seus votos. Para a maioria dos trabalhadores chilenos, as questões que os mobilizavam antes da Primeira Guerra Mundial eram sociais e concretas, não políticas e abstratas.

O líder da ala "socialista" (*socializante*) do Partido Democrático na virada do século XX era o já mencionado Luis Emilio Recabarren, tipógrafo chileno e jornalista com fortes vínculos com os mineiros e suas organizações políticas. Foi ele, "o Lênin chileno", quem uniu essas duas tendências da esquerda chilena e as organizou em um movimento ao mesmo tempo social e político. Nascido e criado em Valparaíso, onde passou os primeiros anos de sua vida adulta como gráfico e democrata, Recabarren mudou-se para o norte em 1903, para dirigir um jornal *mancomunal* (sindical). Em 1905, e novamente em 1906, foi eleito deputado por Antofogasta, no norte do país, mas a maioria da elite se negou a empossá-lo, baseando-se formalmente no fato de que ele havia se recusado a fazer o juramento religioso do cargo, mas de forma mais reveladora porque, como afirmou um deputado: "É intolerável que as ideias de dissolução representadas pelo sr. Recabarren sejam representadas na Câmara [dos Deputados]". Recabarren passou grande parte dos anos posteriores fora do Chile ou preso por conta de acusações forjadas. Em 1912, em companhia de outros líderes da ala "socialista" do Partido Democrático, muitos deles líderes operários de diferentes partes do país, fundou o Partido Obrero Socialista (POS), que era tanto popular quanto socialista, e começou a representar os trabalhadores na política chilena. Dez anos depois, Recabarren iria transformar o POS no Partido Comunista de Chile (PCCh), cujas raízes, anteriores à Revolução Russa, com base e liderança na classe trabalhadora chilena, proporcionariam-lhe uma legitimidade com frequência ausente nos partidos comunistas de qualquer outro país da América Latina.

Recabarren também não negligenciou os movimentos trabalhistas e sociais. Durante a Primeira Guerra Mundial, conseguiu assumir o controle da Gran Federación Obrera de Chile, uma associação de ajuda mútua iniciada por ferroviários em 1909. Em 1917, Recabarren a havia transformado na Federación Obrera de Chile (FOCH), primeira confederação nacional do trabalho do país, que também incluía o Partido Democrático, uniões anarcossindicalistas e seu próprio Partido Obrero Socialista. Entretanto, os democratas e os anarcossindicalistas deixaram a FOCH diante do plano de Recabarren de transformá-la em um partido da classe trabalhadora. Em 1920, ele transformou a FOCH na Internacional Obrera Comunista, formada após a Revolução Bolchevique. Durante a década de 1920, a FOCH continuou sendo a única confederação trabalhadora nacional, mas os anarcossindicalistas criaram um ramo dos Trabalhadores Internacionais do Mundo (em inglês, IWW – International Workers of the World), com base no Chile central, onde os anarquistas sempre foram um elemento forte e importante da esquerda chilena e do proletariado organizado. A capacidade de Recabarren de fazer alianças e organizar coalizões foi comprovada nas maciças demonstrações populares contra o desemprego e os altos preços durante a recessão do pós-guerra, as quais mobilizaram duzentas mil pessoas em uma Santiago cuja população na época era de apenas meio milhão. Essas demonstrações enfatizavam a incapacidade da República Parlamentar elitista chilena de lidar com a "questão social", que parecia tão esmagadoramente evidente nas ruas.

Era uma situação feita sob medida para Arturo Alessandri, o "Leão de Tarapacá", um empresário mineiro do norte do país que se candidatava a presidente com o ambíguo *slogan* "Alessandri ou a Revolução", sugerindo que o seu programa de reforma vinda de cima era a única maneira de evitar uma revolução vinda de baixo. Orador brilhante que sabia como atingir "o povo" e usar a mídia de sua época, Alessandri introduziu a política de massa no Chile como o candidato de uma aliança liberal que incluía democratas e radicais, bem como liberais com ideias reformistas – uma aliança que conseguiu a adesão da maioria dos trabalhadores que votavam.

Recabarren também concorria à Presidência, mas descobriu que tinha mais apoio nas ruas do que nas pesquisas. Em parte, isso se devia ao fato de Alessandri, um dos poucos deputados a protestar contra o massacre de Santa María de

Iquique, igualmente ser candidato à Presidência com uma plataforma de legalização dos sindicatos e das greves, defendendo também a aprovação de leis que regulamentassem os contratos de trabalho e as pensões de aposentadoria. E em parte, ao estilo moderno da campanha de Alessandri, direto e confrontador, com passeatas maciças e comícios por todo o país, por meio dos quais o carismático candidato criou um vínculo emocional com seus partidários e em que ficavam evidentes seus esforços para atrair, com sua postura antioligárquica, o apoio do trabalhador.

Para seus oponentes mais sérios e conservadores, Alessandri era um demagogo perigoso, a quem acusavam de agitar a "classe odiada" e de ser "comunista". Como Allende meio século mais tarde, a força de Alessandri em 1920 estava nas províncias do norte e do sul do país, não em seu centro político. No fim, Alessandri venceu por uma margem estreita, que, como a de Allende, foi questionada pelos direitistas antes de ser relutantemente aceita por uma elite temerosa das consequências de rejeitá-lo. Mas como Allende cinquenta anos depois, Alessandri não conseguiria legislar seu programa por causa da maioria de seus oponentes no Congresso e acabou deposto (em 1924) por um golpe militar que os políticos de direita promoveram e apoiaram.

Entretanto, diferentemente de Allende, Alessandri optou pelo exílio em vez do martírio e retornou ao seu posto no ano seguinte, por meio de um segundo golpe militar, desta vez liderado por jovens oficiais reformistas com conexões maçônicas, tendo à sua frente o coronel Carlos Ibáñez del Campo. Sob pressão militar, foi aprovada uma nova Constituição, que punha fim à República Parlamentar elitista e restaurava o Executivo forte que existira antes de 1891, mas com o decreto popular adicional de eleições diretas. A mesma pressão dos reformistas do Exército foi também responsável por uma legislação trabalhista que legalizava os sindicatos e as greves, mas estabelecia uma regulamentação governamental de ambos. Ibáñez emergiu como o homem forte do governo restaurado de Alessandri e como seu sucessor eleito, isso antes de deportar seu presidente-fantoche e ele próprio governar como presidente, até meados de 1931, quando fugiu do país em meio ao crescente descontentamento diante de sua inabilidade para lidar com a profunda crise econômica provocada pelo *crack* da Bolsa em 1929 e a depressão comercial global que a ele se seguiu.

Como presidente, Ibáñez se assemelhava menos com o reformador de inclinação esquerdista que com o autoritário corporativista de direita, que reprimia os comunistas e outros sindicalistas e organizações políticas de esquerda, e que tentou criar um sindicato paralelo controlado pelo Estado para substituir a FOCH esquerdista. Os comunistas foram obrigados a entrar na clandestinidade, mas sobreviveram, embora enfraquecidos pela repressão, para continuar sendo uma das peças centrais da esquerda chilena. Nem a FOCH nem seus rivais anarcossindicalistas jamais se recuperaram.

Em 1930, muitas das feições características do Partido Comunista chileno foram estabelecidas. Seria um partido proletário, com uma base operária forte, liderada por trabalhadores intelectuais orgânicos, como Recabarren, e sustentada por uma memória histórica que remontava às lutas titânicas dos mineiros de nitrato do norte do país. Seria leal a Moscou, mas fortemente chileno. Porém, o que não estava tão claro em 1930 era a estratégia que seria seguida no futuro: alianças sociais e coalizões políticas na tradição chilena, ou solidariedade de classe e pureza política nos moldes revolucionários bolcheviques? Grande parte dependeria de Moscou e das políticas e práticas de seus potenciais aliados e rivais políticos, começando pelo primeiro rival esquerdista sério a surgir desde o declínio do anarquismo, o novo Partido Socialista Chileno, que era em si um irônico subproduto dos golpes militares de 1924 e 1925 e da era Ibáñez que se seguiu.

A virada de Ibáñez para a política de direita também alienou alguns de seus ex-companheiros de armas, mais especialmente seu colaborador mais próximo no golpe de 1925, o coronel Marmaduke Grove, que se tornou comandante da Força Aérea nos instáveis governos que se seguiram à queda de Ibáñez.

"Grove nasceu um revolucionário, como outros nascem loiros ou morenos", disse Ibáñez.

Em junho de 1932, Grove surpreendeu o Chile liderando um golpe militar que declarava o país a primeira "República Socialista" das Américas. Nessa época, "socialismo" havia se tornado um lema político em um Chile falido, uma vez que foi, entre todos os países do mundo, o mais fortemente atingido pela depressão no comércio internacional, perdendo 80% de sua renda de exportações entre 1928 e 1932. O desemprego crescente era concretizado pelas caravanas de mineiros indigentes migrando com suas famílias de suas falidas minas do norte. Ainda que Ibáñez assumisse a responsabilidade política pela incapacidade do seu governo de reagir efetivamente à crise que se aprofundava, "liberalismo" e "capitalismo" passaram a ser vistos como fracassos a ser descartados, juntamente com a destruição que haviam causado.

O "socialismo", para seus defensores chilenos em 1932, estava mais próximo de um capitalismo de Estado ou de um Estado de bem-estar social do que do marxismo. Grove anunciou que buscaria uma terceira via entre o capitalismo e o comunismo, enquanto punha um fim à Depressão por meio de ações do governo que protegeriam a economia nacional contra os imperialistas estrangeiros e ajudariam os pobres explorados pelos capitalistas chilenos. Como um general escreveu à época, mais um amálgama populista do que um programa socialista, a República Socialista de Grove era encarada por seus partidários como

> uma mãe afetiva que cuidaria da administração do bem comum para o benefício de todos os seus filhos, sem distinções odiosas, sem privilégios para nenhum deles, com um espírito de justiça antes desconhecido entre nós, e com resultados realmente milagrosos (Drake, 1978, p.74-5).

Enfrentando desde o início a oposição das elites chilenas, e repleta de contradições, incluindo divisões entre os "nacional--socialistas" de direita e os "revolucionários" de esquerda, a

República Socialista de Grove durou apenas doze dias. Durante esse breve tempo, suas principais realizações foram uma série de decretos que permaneceram nos livros, e que só foram desempoeirados por seus envelhecidos autores durante a era Allende, colocando o "socialismo" na mesa política do Chile e originando um movimento e um ímpeto políticos que culminaram com a criação do Partido Socialista Chileno, em 1933.

Essa mistura de socialismo e populismo seria a marca registrada do Partido Socialista: uma heterogeneidade ideológica e social em um partido que absorveu anarquistas e trotskistas, mutualistas e social-democratas, e integrou números crescentes de trabalhadores e camponeses em um partido com uma liderança e base social predominantemente de classe média. O Partido Socialista enfatizaria seu nacionalismo *versus* o internacionalismo dos comunistas.

O próprio Grove manteria seus seguidores e continuaria sendo um *caudillo* socialista até sua morte, em 1954, e em seus primeiros anos o Partido Socialista dependeu do seu carisma para crescer. No fim, entretanto, não foi Grove, mas seu primo Salvador Allende, quem teria a trajetória mais emblemática dos socialistas do Chile. Um dos fundadores do Partido Socialista, em 1933, um dos seus primeiros deputados no Congresso, primeiro-ministro do governo, primeiro presidente do Senado e primeiro presidente eleito do país, Allende encarnou a linha socialista na política chilena para a maioria do mundo lá fora e para a maioria no Chile, assim como durante as primeiras quatro décadas do partido.

Salvador Allende: a construção de um presidente socialista

Salvador Allende nasceu em uma família com uma tradição política progressista. Seu avô, o médico Allende Padín foi deputado e senador pelo Partido Radical e fundou a primeira escola secular e a mais progressista loja maçônica do Chile, embora, apesar de sua proeminência política, tenha morrido "extraordinariamente pobre", o que sempre foi motivo de orgulho para Allende. Seu pai, também um radical, foi um advogado que trabalhava para o governo. Allende tomou seu avô como modelo, estudando medicina e emergindo como líder político estudantil. No entanto, sua amizade casual com um sapateiro anarquista e a experiência da "tragédia da pobreza" no bairro em que morou quando estudante, "e que o fez conhecer de perto a miséria, a carência habitacional, a carência de cuidados médicos e a carência de educação do povo chileno", impulsionaram a política de Allende em uma direção mais esquerdista. O mesmo aconteceu com seus estudos de medicina.

"Os estudantes de medicina, com seu conhecimento acerca da má-nutrição e da doença, eram os mais avançados em termos políticos." A medicina era também uma ciência prática, mais interessada em diagnósticos e tratamentos do que em abstrações teóricas. Embora Allende lesse Marx e discutisse as teorias políticas com seus colegas de faculdade, ele continuaria sendo um doutor em política, buscando soluções práticas para os problemas concretos do povo chileno. Significativamente, sua tese na faculdade de medicina foi sobre as causas sociais das doenças.

Para Allende, foi um pequeno passo ir da medicina social para a política socialista. "Meus estudos me ensinaram que o socialismo era a única solução para esses problemas", afirmava ele, mas também lhe ensinaram que "o Chile tem de encontrar o próprio caminho. Allende se formou em medicina a tempo de lutar pela República Socialista de 1932 de Grove e foi preso por suas ações, sua única experiência de combate até o dia em que morreu. Liberado da prisão para assistir ao funeral do pai, Allende jurou dedicar sua vida à luta social.

No ano seguinte, foi um dos fundadores do Partido Socialista em sua cidade natal, Valparaíso, que o elegeu para a Câmara dos Deputados, em 1937, mesmo ano em que foi nomeado a segunda pessoa no comando do partido. No ano anterior viu a fundação da Frente Popular Chilena, uma coalizão de centro-esquerda dominada pelo Partido Radical, mas que incluía pela primeira vez os Partidos Socialista e Comunista, além da nova Confederación de Trabajadores de Chile (CTCH), que unia o que havia restado dos antigos sindicatos comunistas e anarcossindicalistas aos novos sindicatos socialistas.

Allende liderou em Valparaíso a campanha do radical Pedro Aguirre Cerda, candidato presidencial da Frente Popular em 1938; quando Aguirre obteve uma vitória surpreendente, recompensou Allende, nomeando o médico de 31 anos de idade seu ministro da Saúde, da Habitação e da Segurança, um dos três socialistas em um gabinete com muito mais radicais e nenhum comunista. Allende foi um ministro ativo e inovador: introduziu a indenização para o trabalhador e usou sua posição para instruir os chilenos sobre as causas sociais das doenças, por meio da publicação de seu premiado livro sobre o tema, que se tornou objeto de extrema importância nas casas pobres da maioria dos chilenos.

Para Allende e para a maioria das pessoas de sua geração, a Frente Popular foi uma experiência fundamental, que também moldou a geração de estudantes de 1938. Os críticos de esquerda diziam que a política da Frente não trazia poder político para a esquerda nem recompensas socioeconômicas importantes para suas bases proletárias – e apontavam a contradição de socialistas e comunistas apoiando uma coalizão que declarava representar tanto os trabalhadores quanto os capitalistas, e um governo cuja principal criação, a Corporação para o Desenvolvimento da Produção (em espanhol, CORFO – Corporación de Fomento de la Producción), pretendia ser subordinada ao capitalismo chileno. Entretanto, a Frente Popular deu à esquerda uma experiência de governo e trouxe a seus partidos e sindicatos um número enorme de novos membros. Allende também enfatizou o reconhecimento pela Frente Popular do direito de os trabalhadores se organizarem e a inclusão da nova CTCH na coalizão do governo. Além disso, a Frente Popular legitimou a participação tanto dos socialistas quanto dos comunistas no sistema político do país, embora moderando as próprias posturas "revolucionárias", tornando-os parceiros de coalizão elegíveis nos futuros governos.

Para Allende, a Frente Popular era "um grande passo" adiante, que deslocava a oligarquia e colocava a classe média no governo. Ela lhe ensinou "a importância de uma aliança entre os trabalhadores e a classe média", uma lição que permearia sua estratégia do caminho chileno para o socialismo, em 1970. Mais importante ainda, a experiência da Frente Popular convenceu Allende de que "no Chile era possível construir o socialismo dentro das instituições políticas existentes". Para ele, o Chile era a mais bem-sucedida das muitas frentes populares da época formadas para combater o fascismo. Sua principal fraqueza, sustentava Allende, era o fato de ser "dominada pelos partidos burgueses", como os Radicais, e não pelos "partidos proletários", como o seu Partido Socialista e o Partido Comunista do Chile. Allende dedicaria sua carreira política a reconstruir essa aliança de classe e coalizão política, mas dessa vez com ele próprio no comando e com os partidos de esquerda no controle. Dessa perspectiva, os anos entre a Frente Popular e a Unidade Popular formam uma era histórica unida por essa visão de mudança democrática, aliança de classe e política de coalizão, uma visão compartilhada por muitos esquerdistas da "Geração de 1938".

A Geração de 1938 moldou e ao mesmo tempo foi moldada pela Frente Popular. Em sua definição mais ampla, ela incluía ex-líderes estudantis como Allende, que tiveram suas primeiras experiências de governo trabalhando para a Frente Popular. Allende era um exemplo típico dos líderes instruídos da pequena burguesia (classe média) do Partido Socialista multiclassista, que entrou na política de esquerda em busca de uma resposta para a injustiça social, e não apenas por interesse próprio. Os comunistas tinham uma liderança mais proletária, mas também atraíram sua parcela de intelectuais, artistas e escritores jovens, incluindo o futuro prêmio Nobel, o poeta Pablo Neruda. O que os unia era o sonho de uma sociedade mais justa e uma experiência de Frente Popular que oferecesse a esperança de uma reforma democrática, mas também lhes ensinasse que essa seria uma jornada longa e difícil, com contradições a transcender e obstáculos a superar.

O colapso da política da Frente Popular e da influência política de esquerda durante as rivalidades na década de 1940 entre os partidos de esquerda e a perseguição dos comunistas pelos radicais durante a Guerra Fria ensinaram a Allende, que era nessa época senador e presidente do partido, outra lição valiosa: "O sucesso do movimento popular no Chile dependia da unidade dos partidos da classe trabalhadora, a despeito das diferenças e das rivalidades entre eles". A unidade da esquerda tornou-se o principal princípio político de Allende. Como consequência, ele foi o único líder socialista democrático no Ocidente a se aliar aos comunistas de seu país durante a Guerra Fria, votando contra a "Ley Maldita", que baniu o Partido Comunista chileno em 1947, e se candidatando pela primeira vez à Presidência, com o apoio clandestino dos comunistas, em 1952, quando a maior parte dos socialistas apoiava a campanha populista do ex-ditador Carlos Ibáñez. Allende só recebeu 5% dos votos nessa eleição, mas esse seria um momento crítico em sua carreira política.

Antes de 1952, Allende podia se considerar um marxista, mas sua política pública era a de um reformista em uma tradição humanista que seu avô teria endossado, tradição essa devida mais à Revolução Francesa que à Revolução Russa. Allende era um médico indignado diante das causas socioeconômicas das doenças, um político populista denunciando a imoralidade da injustiça social, mas também era alguém que estava preparado para promover a melhoria dos custos sociais do capitalismo. Em 1952, Allende tornou-se um candidato presidencial socialista inspirado por visões marxistas de um mundo transformado, concorrendo com o apoio comunista com uma plataforma que incluía a nacionalização das gigantescas minas de cobre do Chile, controladas pelos Estados Unidos, e cujo objetivo fundamental era uma jornada democrática revolucionária rumo ao socialismo. Ao mesmo tempo, Allende continuava sendo o político populista, viajando por todo o país e forjando vínculos de lealdade pessoal com seus discursos e solidariedade com as greves e os movimentos sociais, construindo uma base pessoal de apoio constituída de *allendistas* que lhe prestariam bons serviços nas futuras campanhas eleitorais, que combinavam socialismo e populismo.

Em 1958, Allende havia reunido as facções hostis de seu Partido Socialista e se unido ao recentemente legal Partido Comunista na Frente de Acción Popular (FRAP). Allende era seu candidato para presidente nas eleições daquele ano, o primeiro em que reformas eleitorais expandiram o eleitorado e asseguraram o voto secreto na zona rural. Para muitos, a campanha de 1958 foi a melhor campanha de Allende e, se as mulheres não tivessem conquistado o direito ao voto em 1949, ele teria se tornado presidente naquele ano. Assim, Allende quase ganhou a eleição e se estabeleceu como símbolo da esquerda e candidato "do povo". Foi derrotado por Jorge Alessandri – empresário de direita que governou com a plataforma de modernizar o capitalismo chileno – por apenas 33.449 votos, a diferença responsável pelos votos extraídos de Allende pela entrada tardia de um ex-padre supostamente "de esquerda", cujas fontes de financiamento e razões para se candidatar eram suspeitas. Embora Allende tenha ficado profundamente desapontado e acreditasse ter sido usurpado da Presidência, aceitou os resultados oficiais – ao contrário de Alessandri, quando as posições se inverteram, em 1970.

Se Allende tivesse sido eleito em 1958, muito provavelmente teria sido um presidente social-democrata bem-sucedido, cujo programa populista e nacionalista de "Mais Democracia!", "Mais Desenvolvimento Econômico!", "Mais Bem-Estar Social!" e "Mais Independência Nacional!" teria recebido amplo apoio popular e político. Além disso, suas reformas radicais teriam parecido moderadas e, portanto, consolidadas no contexto de mais transformações revolucionárias que estavam ocorrendo em outros países das Américas.

No contexto hemisférico, 1958 foi o fim de uma era em que a política chilena girou mais em torno de personalidades do que de projetos. No ano seguinte, a Revolução Cubana impulsionaria uma transformação da política em toda a América

Latina. No Chile, como na maior parte da região, o espectro político se deslocou bastante para a esquerda. Com a "reforma" (ou "revolução"), as novas alternativas e a revolução comunista implicando um risco, os Estados Unidos apoiaram reformas a que haviam se oposto uma década antes e encontraram em Eduardo Frei, e na ascensão dos democratas-cristãos no Chile, os parceiros perfeitos para a Aliança para o Progresso no país, com maior probabilidade de escolher democraticamente o socialismo.

Esse risco aparentemente iminente – ampliado por uma surpreendente vitória socialista em 1964, em uma eleição parlamentar complementar num distrito rural conservador – também levou Washington a intervir secretamente nos negócios internos do Chile, para impedir a eleição de Salvador Allende como presidente do país. Os Estados Unidos não apenas financiaram mais da metade da campanha presidencial de Frei em 1964, mas as operações da CIA também promoveram e moldaram secretamente a "campanha de terror" da mídia, que insinuava que se Allende fosse eleito a democracia chilena desapareceria, bem como seus oponentes, e as crianças chilenas seriam mandadas para Cuba. Ironicamente, foi quando os oponentes de Allende obtiveram sucesso em sua deposição, em 1973, que chilenos "desapareceram", assim como a exaltada democracia do país.

O *slogan* da campanha de Frei – "Uma Revolução em Liberdade" – questionava implicitamente o compromisso de Allende com a democracia, apesar de suas três décadas como líder democrático. Allende concorreu mais uma vez, em 1964, como candidato da FRAP, e obteve 39% dos votos, mais do que obtivera em 1958, um recorde para um candidato de esquerda à Presidência. Mas uma direita em pânico se apressou a dar seu apoio a Frei, criando uma corrida com dois candidatos, em que o candidato democrata-cristão venceu com uma maioria absoluta de 54% dos votos, o que era raro no sistema multipartidário do Chile. Apesar do recorde exibido nas pesquisas, Allende e a esquerda chilena mais uma vez fracassaram.

Uma vitória do Partido Democrata Cristão nas eleições do Congresso em 1965 levantou o espectro de que essa desvantagem da esquerda seria permanente. Os democratas-cristãos – partido de reforma centrista com uma base de classe média e uma ala de esquerda que buscava uma terceira via comunitária entre o capitalismo e o comunismo – se disseminaram em mais ou menos uma década até se tornarem o maior partido do Chile. O objetivo político do governo de Frei era tornar os democratas-cristãos o partido hegemônico do país, com uma maioria permanente, nos moldes dos democratas-cristãos da Itália, o que impediria a ascensão de Allende à Presidência e colocaria para sempre um ponto final no caminho democrático da esquerda rumo ao socialismo.

Mas para Allende, em 1965, o principal manipulador da política chilena, essa era a oportunidade de realizar seu sonho de reconstrução da aliança Centro-Esquerda Frente Popular, com ele próprio na liderança e os partidos de esquerda no controle. A rápida ascensão dos democratas-cristãos de 4% dos votos em 1952 para mais de 40% em 1965 ocorreu à custa do Partido Radical secularista, que estava perdendo sua base de classe média e futuro político para o partido centrista mais "moderno". Allende fez um acordo com os radicais para o elegerem presidente do Senado e depois transformou essa aliança tática em uma ponte para os radicais se unirem aos socialistas e os comunistas, e assim formarem a Unidade Popular.

A eles se uniriam, em 1969, os esquerdistas cristãos, o quarto elemento da coalizão de Allende. A esquerda cristã no Chile refletia a influência do evangelho social da Igreja Católica e remontava suas raízes chilenas ao padre Alberto Hurtado (agora canonizado), cujas boas obras e livro de referência, *É o Chile um país católico?*, em que critica as desigualdades e a pobreza disseminada no país, inspiraram uma geração de jovens católicos de famílias da elite e da classe média a trabalhar em prol de reformas que beneficiassem os pobres, levando-os, ao mesmo tempo, a construir uma ideologia que fosse um meio-termo entre um capitalismo cruel e um comunismo ateísta. Durante a década de 1960, eles se moveram mais para a esquerda, inspirados pelo Concílio Vaticano II e pelos conclaves de Medelín, sob a influência da Teologia da Libertação, com sua opção preferencial pelos pobres e compromisso com a reforma social e as organizações de base. A maior parte da hierarquia da Igreja chilena mantinha um relacionamento contido com a Teologia da Libertação, mas uma minoria articulada de padres radicalizou-se e formou os "Cristãos para o Socialismo", um grupo que endossaria Salvador Allende e abraçaria sua via chilena.

A maioria tornou-se democrata-cristã e entrou no governo de Frei com altas esperanças de que ele cumprisse sua promessa de "uma revolução em liberdade". Muitos se envolveram na reforma agrária, a mais revolucionária das reformas de Frei, que começou a expropriar e redistribuir grandes extensões de terra para os camponeses que nelas trabalhavam e a organizar os trabalhadores rurais sem-terra pela primeira vez na história chilena. Mas esses dedicados reformadores agrários se desiludiram com seu progresso lento, alcance limitado e implementação politizada, bem como com o compromisso ambivalente do presidente Frei e da ala de direita dominante do seu partido em relação à mudança radical. Em 1967, os elementos mais radicais assumiram brevemente o controle do partido e apresentaram seu programa alternativo de "socialismo comunitário", uma mistura de humanismo e socialismo cristão que compartilhava a crítica ao capitalismo da esquerda marxista e suas soluções estatistas. Mas em 1968, Eduardo Frei e a Direita Democrática Cristã retomaram o controle do partido e rejeitaram essa postura "revolucionária".

Nessa ocasião, o sonhado futuro brilhante dos democratas-cristãos do Chile escureceu. Suas políticas econômicas, após um início promissor, haviam fracassado em produzir a prometida ascensão nos investimentos ou resolver os problemas econômicos crônicos do Chile – estagflação, pobreza e dependência. Confrontadas por uma democracia cristã que partiu para consigná-los a uma minoria permanente, tanto a direita quanto a esquerda do país fizeram o possível para minar o sucesso de Frei. Ao mesmo tempo, os grandes proprietários de terras, que compreendiam o âmago da elite tradicional, faziam o máximo possível para retardar a reforma agrária e a sindicalização rural, que ameaçavam seu controle da terra e da mão de obra.

Os democratas-cristãos, apesar de seus esforços significativos, também falharam em manter a promessa de resolver o imenso déficit habitacional do Chile e de deter a onda de migração rural para as cidades. No fim, os democratas-cristãos pagaram o preço de elevar as expectativas que eles não cumpriram com o declínio do apoio político. Como resultado, as eleições para o Congresso em 1969, que supostamente estabeleceriam a nova maioria democrática cristã, revelaram em vez disso que seu apoio caíra 30%, confirmando a divisão tripartite da política chilena, ao que os chilenos chamaram de "os três terços" – com a esquerda, a direita e o centro cada um recebendo mais ou menos um terço dos votos.

Em resposta a esse fracasso de Frei e à sua própria frustração com os passos lentos e o escopo limitado da reforma, a esquerda democrática cristã declarou que somente uma aliança de "todas as esquerdas" – marxista e cristã – teria a força e o apoio para impor "as mudanças" que ambas apoiavam, em oposição à direita política e aos interesses econômicos estabelecidos. Quando essa proposta foi rejeitada, muitos deixaram o partido para formar o Movimento de Acción Popular Unitaria (MAPU), ao qual se juntou a coalizão Unidade Popular de Allende para a campanha presidencial de 1970. Em 1971, outro grupo da esquerda democrática cristã deixaria seu partido de origem em protesto contra sua aliança com a direita, formando o Partido da Esquerda Cristã e acompanhando o MAPU na coalizão para o governo de Allende.

Para impulsionar a secessão de sua ala de esquerda, os democratas-cristãos escolheram Radomiro Tomić, líder dessa ala do partido, como seu candidato presidencial em 1970. Tomić, que tinha uma plataforma quase tão radical quanto a de Allende, era inaceitável à direita do Chile, o que fez com que ela entrasse na disputa com seu próprio candidato, o ex-presidente Jorge Alessandri, que tanto os analistas chilenos quanto os norte-americanos esperavam que vencesse.

A nova Unidade Popular podia se assemelhar à antiga Frente Popular em seus partidos principais, mas terminava aí a semelhança. A Unidade Popular era dominada por seus ascendentes partidos de esquerda, não pelos radicais em franco desaparecimento, e seu programa não era de reformas moderadas, mas de uma transição democrática para o socialismo. Nesse ínterim, a Revolução Cubana havia radicalizado a esquerda chilena e substituído a reforma pela "revolução" como sua bandeira. O impacto radicalizador de Cuba era visto mais claramente no Partido Socialista do Chile, que em 1958 era um partido multiclassista, com uma ideologia democrática e uma política populista. Uma década mais tarde, se declarou um partido marxista-leninista e se moveu para a esquerda do Partido Comunista de Linha Moscovita do Chile. Como se isso não fosse bastante para a maioria dos militantes da geração mais jovem – incluindo o sobrinho de Allende, Andrés Pascal, e os filhos de proeminentes socialistas, como Miguel Enriquez, que fundou o Movimiento de Izquierda Revolucionaria (MIR) guevarista à esquerda da Unidade Popular, cujas chances de sucesso eleitoral e caminho democrático para o socialismo o MIR desprezava –, defendia, em vez das políticas gradualistas recomendadas pela Unidade Popular, a necessidade de luta armada para trazer o socialismo ao Chile.

Em 1970, tanto Allende quanto a esquerda chilena completaram uma longa jornada, que se iniciara nos desertos de nitrato do norte um século antes, mas que os conduziria ao palácio presidencial em Santiago. A esquerda havia sobrevivido a ciclos sucessivos de rebelião e repressão. Esses ciclos custaram sangue, suor e lágrimas, mas haviam consolidado os Partidos Comunista e Socialista do Chile e dado origem a sucessivas confederações de trabalhadores. Allende fora deputado, ministro, senador, presidente do Senado e três vezes candidato presidencial, (derrotado). Sua primeira campanha presidencial, em 1952, captara apenas 5% dos votos e marcara o ponto fraco da esquerda, com seu Partido Socialista dividido em facções hostis, o Partido Comunista banido e confinado à clandestinidade, e a fraca e dividida confederação de trabalhadores, a CTCH, refletindo a profunda divisão entre comunistas e socialistas.

A ascensão de Allende nas pesquisas foi comparável aos avanços dos sindicatos e partidos políticos de esquerda. Em 1953, os sindicatos comunistas e socialistas se uniram para formar a Central Unitaria de Trabajadores (CUT), sob a liderança inspirada do esquerdista cristão Clotario Blest, para substituir a fragmentada CTCH. Em 1970, 35% dos trabalhadores industriais e 20% da força de trabalho chilenos estavam sindicalizados, incluindo um número crescente de trabalhadores rurais, e a CUT havia se tornado um importante ator político no palco nacional. Na época, também as facções do Partido Socialista se uniram e declararam 12% dos votos nacionais. Os comunistas emergiram da clandestinidade e ascenderam para representar 16% do eleitorado. Com a adição dos encolhidos, mas ainda importantes, 13% dos votos dos radicais, e a adesão dos esquerdistas cristãos, Allende acreditava que poderia contar com votos suficientes em 1970 para conseguir a Presidência concorrendo com dois outros candidatos.

3. O COMPANHEIRO PRESIDENTE

Os avanços da esquerda, a reconstrução da coalizão da Frente Popular sob a liderança da esquerda e uma corrida presidencial com três candidatos não foram as únicas razões por que Salvador Allende encarou com otimismo as eleições de 1970. O pano de fundo para o deslocamento para a esquerda do espectro político do Chile foram as dramáticas mudanças sociais e políticas, assim como o fracasso das alternativas menos radicais para resolver os problemas econômicos e sociais crônicos da nação – a "estagflação" (estagnação econômica com inflação); a "dependência" do capital estrangeiro, da tecnologia e dos empreendimentos; e a "marginalidade", um problema que a maioria dos chilenos identificava com a onda de migrantes rurais que transformou os sem-teto suburbanos em *poblaciones* faveladas sem lares ou empregos decentes. Além disso, apesar do orgulho do Chile por sua democracia formal, muitos de seus cidadãos sentiam-se excluídos de uma participação significativa na política além da cabine eleitoral.

A maior parte das grandes mudanças sociais e políticas ocorrida no Chile até 1970 favorecia a candidatura de Allende. Durante as décadas precedentes de importações em substituição à industrialização, criou-se no país uma classe trabalhadora industrial cuja experiência em empregos mal remunerados em fábricas autoritárias a tornou receptiva às mensagens do marxismo. Grande parte dela era composta de membros de sindicatos de esquerda afiliados à CUT, dominada por comunistas e socialistas, que havia incorporado mais de meio milhão de trabalhadores em 1970. Apesar de sua força organizacional, esses sindicatos de esquerda eram relativamente fracos dentro do complexo sistema chileno de relações de trabalho regulamentadas pelo Estado, e dependiam do apoio dos partidos políticos de esquerda para equilibrar o poder econômico e a influência política das elites empresariais do Chile, mobilizando seus membros a votar, em troca, nos partidos de esquerda.

Os operários da indústria do Chile cresceram e viveram em bairros da classe trabalhadora, onde as instituições mais importantes eram com frequência os grupos de jovens comunistas e socialistas, que ofereciam uma vida social e cultural, assim como uma educação política para as crianças e os adolescentes pobres aos quais faltava um senso de propósito ou horizonte alternativo para suas vidas. Subúrbios-dormitórios da classe trabalhadora, como San Miguel, "a Província Vermelha", tornaram-se conhecidos por sua política de esquerda, que a geração mais jovem fora levada a abraçar, induzida pela pressão dos seus pares e pela patronagem dos partidos de esquerda.

Entretanto, muitos daqueles que cresceram em províncias suburbanas como San Miguel não eram filhos de trabalhadores industriais. Em sua maioria, eram filhos de migrantes rurais, parte do grande êxodo dos chilenos da zona rural durante o período de 1945 a 1970, um produto tanto do crescimento da população rural quanto da mecanização da agricultura, que deixou muitos trabalhadores rurais sem terra, emprego ou futuro, bem como da atração que sentiam pelas cidades, com suas luzes brilhantes, serviços sociais e empregos industriais de melhor qualidade. Entre 1945 e 1970, um número enorme de chilenos deixou seus lares rurais em busca de melhor sorte nas cidades. Durante essa época de intensa urbanização, Santiago, capital e centro econômico da nação, foi a cidade que mais cresceu, com sua população se multiplicando de 1,3 milhão em 1950 para 2,8 milhões em 1970.

O que esses migrantes buscavam era um emprego fabril estável e uma casa própria, de preferência uma pequena *casita*, similar àquela que tinham deixado para trás no campo. Poucos deles tinham renda suficiente para comprar ou alugar uma moradia. Em vez disso, como no Brasil, procuraram resolver seu problema habitacional invadindo terras suburbanas desocupadas, criando uma *población* de barracos e então pressionando o governo para lhes proporcionar serviços públicos – eletricidade, redes de esgoto, ruas pavimentadas, escolas, postos médicos, ônibus – e uma solução mais permanente para seu déficit habitacional.

Muitos desses migrantes haviam vindo de áreas rurais conservadoras, com relações sociais paternalistas e uma política de direita; mas estavam agora expostos a novas experiências e a novas ideias, em seus próprios núcleos habitacionais urbanos, tornando-se acessíveis e disponíveis à mobilização política por parte das ideologias de esquerda e do centro, que competiam por seus votos e lealdade, com frequência promovendo as tomadas de terra com as quais essas *poblaciones* em geral se iniciaram e protegendo os invasores do despejo e da repressão por parte da polícia. Os democratas-cristãos visaram esses *pobladores* em sua estratégia política durante a década de 1960, mas muitos deles passaram para a esquerda em 1970, desiludidos com o fracasso do governo de Eduardo Frei em lhes proporcionar moradia ou empregos na escala prometida.

Esses migrantes rurais e trabalhadores industriais eram parte das mudanças sociais e políticas que haviam duplicado o tamanho do eleitorado chileno entre 1952 e 1970. Em parte, tal expansão refletia o crescimento da população, pois o número de chilenos passou de seis milhões em 1950 para nove milhões em 1970. E em parte refletia as novas leis eleitorais que tornaram mais fácil o registro permanente e, pela primeira vez, asseguraram o voto secreto nas áreas rurais. Igualmente importante foi a migração maciça do campo para as cidades e vilarejos, pois os eleitores se libertaram dos controles sociais rurais e passaram a ter acesso a programas, partidos e candidatos alternativos. Estas duas mudanças atingiram a direita política do país, ameaçando seu terço tradicional do eleitorado e no Congresso: a primeira transformando os distritos rurais conservadores "seguros" em distritos competitivos, nos quais o centro e a esquerda disputavam com a direita os votos dos camponeses; a segunda deslocando os eleitores potenciais das áreas rurais conservadoras para as áreas urbanas, onde passaram a ser expostos a novas experiências e a uma nova política.

Entretanto, uma outra mudança política, que foi responsável por uma grande parte do aumento do eleitorado, não beneficiou a esquerda. O voto feminino foi finalmente conquistado, em 1949, após uma longa campanha liderada em sua maioria por feministas de esquerda; mas os resultados dos votos das mulheres não foram o que a esquerda esperava. As mulheres no Chile votavam consistentemente de maneira mais conservadora que os homens, um reflexo – ponderou a esquerda – de sua participação limitada na força de trabalho e da sua maior suscetibilidade às mensagens da Igreja Católica. Se as mulheres não tivessem votado em 1958, Allende teria sido eleito naquele ano. Em vez disso, ele se preparou para o triunfo em 1970, com uma minoria de votos femininos, conquistando o apoio de novos eleitores, associando seus oponentes aos fracassos dos governos passados e projetando um novo "Caminho Chileno para o Socialismo", que iria resolver de uma vez por todos os problemas crônicos do país.

Os dois adversários de Allende em 1970 representavam as tentativas fracassadas que no passado haviam prometido resolver esses problemas. Jorge Alessandri, o candidato da direita – e da embaixada dos Estados Unidos –, era um ex-presidente em cuja campanha de 1958 havia prometido resolver os problemas do Chile com um capitalismo modernizado – promessa que se mostrou vazia na prática, pois Alessandri não conseguiu atrair o investimento que vislumbrava e seu mandato no cargo terminou com estagflação, desemprego e conflitos trabalhistas renovados. A ausência de solução de Alessandri para os problemas sociais do país, assim como a maciça migração rural e o enorme déficit habitacional foram simbolizados pelo massacre dos invasores na enorme *población* de José María Caro, em Santiago, em 1962. Em 1970, ele concorreria como o candidato da situação – a segurança antiAllende –, oferecendo pouco mais que superficialidades paternalistas aos trabalhadores, camponeses e *pobladores* chilenos.

Radomiro Tomić, o candidato democrata-cristão, era um líder da ala de esquerda desse partido e concorria com uma plataforma quase tão radical quanto a de Allende. Mas ele não conseguiu escapar da responsabilidade pelo fracasso do governo de Frei em cumprir sua promessa de "uma revolução em liberdade". Até mesmo a iniciativa política mais ampla dos democratas-cristãos, a reforma agrária parcialmente implementada, antagonizou mais do que satisfez os chilenos – os proprietários de terras, temerosos de perder sua propriedade, mas também os camponeses, furiosos por não terem conseguido a terra prometida. Como resultado, em 1970, um terço dos trabalhadores rurais organizados estava afiliado aos sindicatos de esquerda. Na época, havia um descontentamento similar entre os migrantes rurais e os invasores urbanos diante da inadequação do programa habitacional de Frei, que deixou um déficit habitacional de meio milhão de unidades. Mais uma vez, um massacre de *pobladores*, dessa vez na cidade sulista de Puerto Montt, em 1969, simbolizou tanto o fracasso da política social de Frei quanto o fato de o seu governo recorrer à repressão como um instrumento de controle social. Como os camponeses e os *pobladores* haviam sido os principais alvos políticos dos democratas-cristãos, eleitores fundamentais em sua projetada maioria permanente, seu apoio reduzido, refletido em apenas 29% dos votos nas eleições de 1969 para o Congresso, foi um golpe sério para as perspectivas de Tomić.

Ele também foi atingido pelo fracasso do projeto econômico dos democratas-cristãos. A "chilenização" das minas de cobre do país (uma política dispendiosa de aquisição de metade das companhias multinacionais norte-americanas, mas deixando-as sob o controle administrativo dos Estados Unidos, multiplicou a dívida externa) não proporcionou ao Chile maiores lucros ou controle sobre o seu principal recurso natural, fonte de dois terços de seus ganhos de exportação. O próprio programa de Tomić defendia a nacionalização das minas, uma admissão do fracasso do plano mais identificado com seu partido e com seus anos no controle do governo do Chile. O retorno da estagflação e os conflitos trabalhistas durante os últimos anos do governo de Frei, quando o investimento diminuiu e o desemprego aumentou, também evidenciaram seu fracasso em resolver os problemas econômicos do país, ou em criar um caminho intermediário entre o capitalismo e o comunismo.

Como solução para esses problemas, Salvador Allende oferecia aos eleitores chilenos um caminho democrático para um socialismo democrático. A nacionalização das minas de cobre do Chile e outras "riquezas [minerais] básicas", bem como a aquisição de outras importantes empresas estrangeiras de setores estratégicos poriam fim à dependência da nação do capital, das empresas e da administração estrangeiros. Além disso, com as minas em mãos chilenas, "os rendimentos do Chile", como Allende chamava as exportações de cobre do país, poderiam ser utilizados para financiar o desenvolvimento econômico nacional. Também poderiam ser usados para financiar soluções para os problemas sociais do Chile, como seu maciço déficit habitacional. A construção de moradias em uma escala sem precedentes foi projetada tanto como uma solução para esse déficit quanto para a estagflação da economia, com o treinamento e a incorporação dos migrantes rurais desempregados e dos invasores suburbanos subempregados na força de trabalho como trabalhadores da construção civil – um benefício agregado. "Precisamos produzir para satisfazer as necessidades das massas chilenas", enfatizava Allende.

Para garantir esse objetivo, o governo da Unidade Popular criaria uma economia mista, com um setor público e outro de propriedade privada-pública, compreendida pelas maiores e mais estratégicas empresas – as "controladoras da economia", no discurso da época. Isso incluiria os bancos privados da nação, famosos por serem negócios sempre lucrativos, que pegavam as economias dos chilenos e as emprestavam a juros baixos para as empresas dos doze "clãs" econômicos que as controlavam. Juntamente com os projetados aumentos de salários e com os gastos sociais, esperava-se que essas nacionalizações tornassem o Chile uma sociedade mais igualitária, com padrões de vida melhorados. Uma reforma agrária profunda, dando o controle da terra aos camponeses que nela trabalhavam, mas também incorporando os pequenos fazendeiros e os trabalhadores migrantes às novas cooperativas de camponeses, resolveria o déficit alimentar do Chile e aumentaria as rendas rurais e a igualdade social.

A curto prazo – e para ajudar a eleição de Allende – a Unidade Popular não se baseou apenas em seu caminho democrático para o socialismo. Allende concorreu com uma plataforma que também prometia "40 medidas" – que se estendiam desde cuidados médicos gratuitos e um litro de leite para cada criança até a abolição de impostos regressivos e um emprego para cada adulto –, os quais teriam um impacto positivo imediato nas vidas da maioria dos chilenos. Juntas, essas medidas populistas e as mudanças estruturais vislumbradas no caminho para o socialismo (*la vía chilena*) iriam "resolver os problemas imediatos de grande parte da população".

Além disso, a Unidade Popular propôs aprofundar a democracia descentralizando o poder, criando uma "assembleia popular" em nível nacional e instituições comparáveis em níveis regional e local, bem como incorporar a participação dos trabalhadores à administração das empresas públicas ou mistas, e promover a participação democrática em nível local das organizações da sociedade civil, como associações de bairro, centros comunitários e grupos de jovens.

Tratava-se de uma plataforma que combinava socialismo com populismo e democracia, um programa adequado a um candidato cujo apelo era ideológico e político, mas também pragmático e personalista – e para uma coalizão que se comprometia a criar condições para uma transição democrática para um socialismo democrático. Mas era também uma estratégia ousada e ainda não experimentada em um panorama político repleto de estratégias fracassadas, o que era ao mesmo tempo seu atrativo e seu risco. Representava o novo e o desconhecido, um rompimento com um passado identificado com o fracasso e com promessas não cumpridas.

Entretanto, para muitos chilenos, incluindo os esquerdistas de seu próprio partido e coalizão, Allende também parecia ser uma figura do passado que prometia conduzir os chilenos a um improvável futuro melhor. Como Lula três décadas depois, Allende já havia concorrido três vezes à Presidência e perdido todas as três, o que levava seus aliados comunistas a ponderar: "Até quando, Allende?"; "Quanto tempo ainda teremos de insistir perdendo com Allende?". Os próprios líderes do seu Partido Socialista se opuseram à sua candidatura, considerando-o "demasiado burguês" e insuficientemente "revolucionário"; um social-democrata paralisado em um passado ideológico que, como os marxistas-leninistas recém-renovados, eles haviam transcendido. O MAPU, repleto de ex-democratas-cristãos talentosos, via Allende como um político populista da velha guarda em uma nova era política que requeria, de preferência, o estilo moderno de um de seus líderes, que também contavam com os votos dos democratas-cristãos para o padrão da Unidade Popular que o seu candidato necessitaria para vencer. Allende podia ter sido o arquiteto da coalizão da Unidade Popular, mas não estava claro se seria seu candidato presidencial.

Allende não estava exagerando quando se referia a si mesmo como o "candidato do povo". Se não tivesse tido o apoio dos líderes dos partidos da Unidade Popular, não teria sido o símbolo da coalizão em 1970. "Foi o povo que me escolheu... que fez de mim seu candidato", afirmava Allende com orgulho. Foi uma vanglória que líderes comunistas veteranos, como Volodia Teitelboim, confirmaram. No fim, relatou este:

> Allende foi escolhido porque era a voz do povo. Porque se você conversasse com um camponês ou com um trabalhador, em Valdivia, Bellavista ou Magallanes, eles diziam: "Bem, é claro que o candidato tem de ser Salvador Allende".

Allende havia sido fiel a eles durante todos esses anos de greves, perseguições e campanhas, e eles permaneciam fiéis a Allende. A sua indicação não foi resultado de uma "política de bastidores", enfatizou Teitelboim. "Ele é o homem que conquistou um nome entre o povo."

Essa foi uma conclusão que também minhas entrevistas confirmaram. A maioria dos chilenos não era membro de nenhum partido e muitos daqueles que apoiavam Allende não eram socialistas ou comunistas, mas *allendistas*. "Ele é o único líder político em que confio", disse-me uma operária de meia-idade em Santiago, acrescentando que Allende era também "o único [candidato presidencial] no qual eu sempre votei – ou votaria". Escolhendo Allende, a esquerda estava contando com seus seguidores pessoais e também com os membros e simpatizantes de seus partidos para levar a Unidade Popular ao poder.

A campanha começou com Alessandri como forte favorito, e Allende, um claro "azarão". Alessandri podia contar com o apoio de toda a elite e de grande parte da classe média, e também com a mídia e a embaixada dos Estados Unidos. Entretanto, com o prosseguimento da campanha, Alessandri começou a se autodestruir. A imagem que pretendia projetar era de uma força aristocrática benevolente, simbolizada pela toga judicial que usava em seus cartazes com as mãos estendidas, garantindo aos chilenos: "Eu estou com vocês". Mas quando foi requerido do Alessandri de 73 anos de idade uma "mão firme" no leme do Estado, na televisão, sua mão tremia visivelmente, revelando um velho enfraquecido. A esquerda o apelidou de "*El Momio*" – "A Múmia" – e o nome pegou, sendo logo estendido a seus seguidores, expressando aqueles que se opunham rigidamente à mudança – "as mudanças" que Allende prometia trazer ao Chile se fosse eleito.

Radomiro Tomić esperava ser o beneficiário do declínio de Alessandri, assim como o recipiente dos votos das mulheres, sugestionadas pela reputação de mulherengo de Allende. Projetando uma imagem de reforma responsável, ele se apossava do campo intermediário entre os conservadores idosos de Alessandri e os revolucionários marxistas de Allende. Mas o catolicismo de Tomić afastou os profissionais de classe média anticlericais, enquanto seu programa de esquerda afastou os direitistas. Mais que tudo, o campo intermediário que ele buscava ocupar estava se corroendo como resultado da polarização política que a campanha de 1970 havia acelerado. Sua campanha não deslanchou, e ele permaneceu apenas com a fidelidade de seu partido e pouco mais que isso.

No entanto, sem o acesso à mídia ou os recursos financeiros de seus rivais, Allende continuava sendo considerado um "azarão". Baixinho e de óculos, um orador público medíocre e um político à moda antiga, Allende carecia da boa aparência e do carisma dos candidatos midiáticos "modernos", como Eduardo Frei. Além disso, desfrutava um apoio apenas discreto dos líderes da Unidade Popular, que o haviam escolhido relutantemente, sob a pressão de sua base popular. Se a "escolha do povo" triunfasse nas eleições, cabia ao povo elegê-lo. E, para a surpresa de muitos especialistas, foi exatamente isso que aconteceu. Em todo o Chile, o povo formou Comitês da Unidade Popular (CUPs) para mobilizar os esquerdistas, independentemente de suas cores políticas, incluindo muitos *allendistas* e independentes. Sua energia e entusiasmo iniciaram uma onda pró-Allende, que foi ganhando força à medida que a eleição se aproximava, mas não era registrada nas pesquisas de opinião, que eram geográfica e socialmente limitadas.

Salvador Allende conduziu uma campanha de base à moda antiga, mas foi uma campanha que o colocou em contato com chilenos de Arica a Magallanes, um Chile provincial que ele conhecia bem de décadas de campanha e dos seus mandatos no Congresso. Allende podia não ser um orador carismático, mas projetava uma imagem atrativa de dignidade, o médico com uma consciência social, com uma mensagem otimista e tranquilizadora de uma "revolução com empanadas e vinho tinto" – isto é, uma revolução sem sacrifício. Além disso, ele podia confiar nas habilidades organizacionais do Partido Comunista para mobilizar sua base de apoio, enquanto suas "brigadas" jovens pintavam os muros do Chile com os murais multicoloridos idílicos do "Novo Chile" que uma vitória de Allende produziria. Seus oponentes podiam controlar a imprensa e a mídia, mas os partidários de Allende dominavam as ruas e os muros. O que permanecia incerto era quem ganharia a maioria dos votos, com as pesquisas da embaixada dos Estados Unidos ainda prevendo a vitória de Alessandri, mas Allende confiante de que o voto provincial o elegeria no dia 3 de setembro.

No fim, quem estava certo era Allende. Quando foram divulgados os resultados dos distritos mais pobres de Santiago e das províncias afastadas, Allende passou a ocupar uma estreita liderança que jamais perdeu – obtendo 36,3% dos votos, contra 34,9% de Alessandri e 27,8% de Tomić. Apenas trinta mil votos separaram Allende de Alessandri, mas para seus partidários foi uma vitória esmagadora. Em torno da meia-noite, quando os resultados oficiais declararam a vitória de Allende, o povo tomou as ruas para celebrar "o triunfo popular" pelo qual tantos chilenos trabalharam a vida toda, embora nunca tivessem acreditado que viveriam para ver.

> "Foi como um Carnaval", lembrou uma trabalhadora comunista. "Foi algo que jamais havíamos esperado. Foi algo que aqueles que viveram aquele momento iriam se lembrar pelo resto da vida. Foi uma alegria que não conseguíamos conter, ver todos os *compañeros* se abraçando – fossem eles pobres, famintos ou bem-vestidos... Nós gritamos o nosso direito na rua: 'Vida longa à Unidade Popular! Vida longa ao *compañero* Allende'... Eu comemorei até a manhã seguinte."

A eleição estava terminada, mas a corrida presidencial estava longe do fim. Os defensores de Allende podem ter ido para casa depois de uma noite comemorando "o Triunfo Popular", confiantes de que "El Chicho" Allende seria o próximo presidente do Chile, mas o próprio Allende estava bem consciente dos obstáculos que ainda teria de superar. Segundo a Constituição de 1925, se nenhum candidato recebesse uma maioria dos votos populares – uma ocorrência comum no sistema multipartidário do país –, caberia ao Congresso decidir entre os dois mais votados. No passado, o Congresso sempre havia ratificado o veredicto popular. Em 1958, quando Alessandri derrotou Allende por uma margem similar e com uma porcentagem menor dos votos computados, não havia dúvida de que o Congresso o confirmaria como presidente. Na verdade, Allende havia desencorajado seus partidários de protestar quanto aos aspectos questionáveis desses resultados, argumentando que teriam de aceitar o sistema, que poderia beneficiá-los no futuro. Como um bom democrata, e apesar da campanha amarga que esperava vencer, Allende reconheceu a vitória de Alessandri e o parabenizou.

Entretanto, em 1970, quando suas posições estavam invertidas, Alessandri se recusou a reconhecer o triunfo de Allende nas urnas. Ao contrário, mal ficou claro que Allende havia vencido o voto popular, Alessandri já iniciava suas negociações com os democratas-cristãos para impedir a confirmação de Allende no Congresso, onde estes controlavam o equilíbrio de poder entre esquerda e direita. Essas manobras preocuparam Allende, embora Tomić houvesse reconhecido sua vitória e controlasse o dispositivo de campanha do seu partido.

Allende teria ficado ainda mais preocupado se soubesse quão profundamente Washington estava envolvida nesses planos e conspirações. Mesmo antes da eleição, o governo de Richard Nixon já vinha preparando planos de contingência que variavam desde subornar membros do Congresso chileno para votar contra sua confirmação até promover um golpe militar. Logo após o triunfo de Allende nas urnas, o envolvimento ativo dos Estados Unidos nos esforços para impedi-lo de se tornar presidente do Chile, apesar da sua vitória em eleições democráticas, foi autorizado por um irado presidente Nixon, um anticomunista visceral que se referia a Allende como "aquele filho da mãe", e que advertia que sua presidência iria criar um "sanduíche vermelho", com a Cuba de Castro e toda a América Latina pressionada entre essas duas pequenas fatias finas de pão esquerdista. Nixon havia sido informado – e inflamado – sobre a "ameaça" de Allende por Agustín Edwards, importante empresário e direitista chileno, dono do império da mídia centralizado no jornal conservador *El Mercurio*, além de vice-presidente da Pepsico, cujo presidente era amigo íntimo de Nixon.

As operações secretas dos Estados Unidos para impedir a posse de Allende foram justificadas pelo Secretário de Segurança Nacional de Nixon, Henry Kissinger, que teria dito, em particular, que não via nenhuma razão para permitir que um país se tornasse comunista pela irresponsabilidade de seu povo em eleger um comunista. Em um comunicado "anônimo" amplamente divulgado pela imprensa, Kissinger apresentou um complexo de razões de reforço mútuo justificando por que uma presidência de Allende ameaçaria os interesses econômicos, políticos e estratégicos dos Estados Unidos no Chile, na América Latina e no mundo em geral. O então diretor da CIA, Richard Helms, saiu de sua reunião pós-eleição com Nixon e Kissinger convencido de que eles queriam impedir Allende de se tornar presidente, não importava a que custo.

Em meados de setembro, a CIA estava organizando duas conspirações paralelas. O "Caminho 1" era um golpe constitucional com duas variações: em uma, os democratas-cristãos seriam convencidos a votar em Alessandri, que então renunciaria e apoiaria Eduardo Frei em uma nova eleição; na outra, o ainda presidente Frei dispensaria seu gabinete civil, formaria um gabinete militar, indicaria um presidente interino e deixaria o país sob controle militar – o que um alto funcionário da CIA chamou de "um golpe militar tranquilo e, esperava-se, não violento" (Kornbluh, 2003, p.14). O "Caminho 2" promovia um violento golpe militar e buscava identificar a ajuda de oficiais dispostos e capazes de promovê-lo. Quando a CIA e o Departamento de Estado concordaram que para um golpe ser bem-sucedido teria de ser criado um caos econômico, as agências do governo dos Estados Unidos começaram a seguir as instruções de Nixon para "fazer a economia explodir!".

Ironicamente, produzir um clima de ansiedade econômica provou ser a parte fácil do plano. Washington pressionou os prestamistas internacionais a suspender os empréstimos ao Chile, e os bancos privados, a baixar o índice de crédito do país; em seguida, o ministro das Finanças de Frei fez um pronunciamento alarmista que desencadeou um pânico financeiro em Santiago. Mas, a partir daí, as conspirações se desenvolveram. Frei podia estar disposto a apoiar Alessandri no plano da "solução parlamentar", mas não conseguiria fazer com que seu dispositivo partidário, controlado por Tomić, cooperasse. No fim, os democratas-cristãos divididos decidiram exigir um conjunto de emendas constitucionais garantindo tanto as liberdades civis quanto a segurança dos democratas do governo democrata-cristão em troca do seu apoio no Congresso, com Frei tendo a certeza de que Allende rejeitaria essas condições como sendo um insulto.

Em vez disso, jogando brilhantemente suas cartas, Allende aceitou as condições dos democratas-cristãos, embora os advertisse sobre a ameaça de uma "guerra civil" caso o veredicto popular nas urnas não fosse respeitado pelo Congresso. Persuadir Frei a colaborar em um "golpe militar não violento" mostrou-se igualmente difícil. O embaixador dos Estados Unidos podia acusar Frei de não ser suficientemente macho para "vestir suas calças", mas o presidente chileno não podia ser acusado de se negar a ser aquele que poria fim à democracia-modelo de seu país.

Isso deixava como alternativa o "Caminho 2", e a CIA fez o que pôde para produzir um golpe militar violento. O fundamental era identificar, convencer e apoiar os conspiradores militares chilenos que poriam em prática a conspiração. Os agentes da CIA encontraram um número confiável de conspiradores nos oficiais da ativa liderados pelo general Camilo Valenzuela, comandante da guarnição de Santiago, e em um grupo mais ousado, porém menos significativo, de neofascistas comandados pelo ex-general Roberto Viaux, que havia sido forçada à reforma antecipada por liderar uma tentativa de golpe contra o governo de Frei. No fim, a CIA percebeu que, por causa da hierarquia vertical inculcada no rígido Exército chileno por seus treinadores prussianos décadas antes, nenhum golpe ocorreria enquanto as Forças Armadas fossem comandadas pelo general René Schneider, cuja doutrina era a neutralidade política e a não intervenção militar. Por isso, os planos de golpe militar mudaram para o sequestro de

Schneider, cuja culpa recairia sobre os esquerdistas, justificando assim um golpe militar. Esse plano fracassou quando o grupo de Valenzuela recuou e Schneider resistiu à tentativa de sequestro por parte dos neofascistas de Viaux, que então o assassinaram.

Com Schneider fora do caminho, o estado de emergência declarado no Chile e o general Valenzuela no controle da capital, alguns membros da CIA acharam que finalmente existiam as condições para um golpe militar no país. Estavam terrivelmente equivocados.

Schneider foi sucedido no comando das Forças Armadas por seu substituto, general Carlos Prats, oficial com princípios muito semelhantes aos de seu antecessor. Além disso, o assassinato de Schneider chocou e horrorizou um Chile que ainda não estava acostumado com tal nível de violência política. Depois disso, a classe política do país se apressou em demonstrar seu apoio à democracia, indo assim, por água abaixo, qualquer possibilidade de impedir a indicação de Allende pelo Congresso. No fim, toda a delegação democrática cristã do Congresso votou em Allende e, em 3 de novembro de 1970, Eduardo Frei passou a faixa do cargo a Salvador Allende, que foi empossado como o primeiro presidente socialista do Chile.

O dia de sua posse foi moldado pelas tradições chilenas, algumas remontando ao início da República; mas embora Allende tenha participado integralmente de todas as cerimônias, ele dava sinais de que sua presidência ia ser diferente. Allende fez seu juramento – como estava prescrito na lei – diante dos membros reunidos do Congresso, dos chefes das Forças Armadas e do corpo diplomático, mas usou um terno informal, que contrastava fortemente com o fraque de Frei. O agnóstico grão-mestre dos maçons compareceu à missa comemorativa na catedral, sentando-se na cadeira de honra, mas a missa celebrada pelo cardeal Raúl Silva Henríquez pregou "justiça para todos os irmãos".

Depois, Allende insistiu em ir caminhando – não de carro – da catedral até o palácio cerimonial, em meio aos aplausos de seus partidários. De uma sacada do palácio presidencial, o

La Moneda, voltada para a praça da Constituição, ele declarou: "O povo chegou comigo a La Moneda" e se proclamou "*el compañero presidente*". Foi um desempenho calculado, dignificado com toques populistas, cujas quebras da tradição prometiam um novo estilo igualitário, compatíveis, no entanto, com uma presidência populista ou com um programa de reforma radical. E embora seus partidários recordassem entre lágrimas esse dia como sendo o dia em que tiveram seu sonho realizado, nada no comportamento ou nas palavras de Allende anunciava a revolução que estava por vir.

4. A REVOLUÇÃO CHILENA

Salvador Allende era agora presidente do Chile, eleito com a promessa de liderar seu país pela via chilena – um caminho democrático para um socialismo democrático. Era o momento para o qual ele vinha se preparando durante toda a sua carreira, que abrangia cinco décadas como deputado, ministro, senador e presidente do partido. Felizmente, foi uma estratégia que comprovou os pontos fortes de Allende: seu conhecimento profundo das instituições políticas e dos políticos do Chile, e sua capacidade de manejá-los em prol de seus objetivos políticos. Até mesmo os líderes da oposição admitiam que "Allende é o melhor negociador do Chile". Ele tinha as habilidades de um reformador moldado nos corredores do poder, não as de um revolucionário que buscava derrubar a antiga ordem; pareciam as qualidades certas para uma revolução chilena que se descrevia como um "processo" e à qual os maoístas se referiam ironicamente como a "Longa Marcha pelas instituições da sociedade burguesa".

Allende precisaria de todas as suas exaltadas habilidades políticas e de outras mais para conduzir o Chile rumo ao socialismo via um caminho democrático. Em primeiro lugar, sua própria eleição foi uma vitória marginal, não um triunfo decisivo: 36% dos votos poderiam ser o suficiente para eleger Allende, mas era um mandato fraco para a mudança – que dirá para uma mudança tão radical como uma transição para o socialismo. A Unidade Popular também era uma minoria no Congresso e não podia aprovar leis sem a aprovação de seus oponentes de centro-direita – que dirá legislar um caminho democrático para o socialismo. O Judiciário, o braço mais conservador do governo, estava repleto de juízes da elite que valorizavam mais a propriedade que o povo e que apoiavam o *status quo*. Além disso, a burocracia também estava repleta de oponentes, nesse caso os democratas-cristãos, que não podiam ser substituídos devido à emenda à Constituição aceita por Allende em troca dos votos dos democratas-cristãos no Congresso para confirmar sua eleição. O controlador-geral do Chile, uma espécie de *ombudsman* que decidia sobre a constitucionalidade de decretos e leis, bem como sobre questões fiscais, era também da oposição de centro-direita. As Forças Armadas permaneceram leais por ocasião do assassinato de Schneider, e o general Prats era um constitucionalista que apoiava a doutrina de Schneider de não intervenção militar na política; mas essa crise revelou divisões e deslealdade entre os militares, e Allende sabia que teria de enfrentar desafios por parte destes enquanto avançasse ao longo da via chilena. A hierarquia da Igreja Católica, que incluía tanto conservadores quanto progressistas, era dominada por moderados que apoiavam as reformas democráticas cristãs, mas não uma revolução marxista. Finalmente, a elite chilena não abriria mão de suas propriedades e do seu poder sem lutar. Ela controlava quase todos os meios de comunicação, os bancos e as principais empresas de produção e distribuição do país, além de ser influente no Congresso, nos tribunais e na burocracia, e já havia mostrado no passado sua habilidade para usar brutalmente seus recursos para proteger seus interesses.

Além disso, embora Allende não tivesse conhecimento da decisão dos Estados Unidos de iniciar uma guerra secreta contra o seu governo para impedi-lo de trilhar com sucesso um caminho democrático para o socialismo, ele teria previsto tais ações por parte do "imperialismo ianque". Tanto Allende quanto seus assessores estavam preocupados com a política de Washington em relação a um país tão dependente do capital, da tecnologia, do maquinário, das peças de reposição e da ajuda alimentar norte-americanas e, portanto, vulnerável à pressão dos Estados Unidos, como demonstrou a crise econômica que o governo Nixon provocou no Chile após sua eleição, com o intuito de criar condições para um golpe.

Allende herdou uma crise econômica e um sistema político profundamente abalado, em primeiro lugar por sua eleição, e depois pelo assassinato do comandante-em-chefe das Forças Armadas. Ele entendia que sua primeira tarefa era restaurar a estabilidade econômica; caso contrário se arriscaria a criar as condições para um golpe militar. Por isso, durante suas primeiras semanas como presidente eleito, Allende foi um modelo de moderação, uma presença tranquilizadora que advertia sobre a necessidade de se mover lentamente e agir com contenção. Seus atos mais radicais foram simbólicos, como seu reconhecimento da Cuba comunista, o que preocupou mais Washington do que os chilenos, e tinha o propósito de acalmar seus partidários da esquerda, desapontados por ele não ter tirado proveito da confusão da direita para iniciar sua presidência com cem dias revolucionários. A contenção de Allende foi uma estratégia calculada para acalmar as elites econômicas e políticas do Chile e levá-las a acreditar que uma presidência de Salvador Allende não poderia ser, afinal, tão temível, e que ele era um esquerdista chileno com o qual se podia negociar. Gradualmente, o sistema político se acertou e o espectro da instabilidade diminuiu.

No Natal, a ameaça de crise econômica também havia desaparecido. Como Allende não era economista, entregou a responsabilidade pelo planejamento e implementação de sua política econômica a uma equipe de economistas de esquerda, liderada por Pedro Vuskovic, indivíduo politicamente independente com longa experiência como analista das Nações Unidas (CEPAL), mas pouca experiência prática em comandar uma economia. Usando o gasto público neokeynesiano para restaurar a economia em recessão e o controle do preço – não do salário – a fim de manter a inflação dentro dos limites, Vuskovic obteve progresso suficiente na recuperação da economia até final de dezembro, para que Allende pudesse partir da estabilização do Chile para iniciar sua revolução vinda de cima. Após semanas de cautela, Allende moveu-se com uma velocidade e decisão tais que pegou o país de surpresa (e suas metas, de assalto).

Uma revolução vinda de cima

O programa da Unidade Popular era claro em seus objetivos, mas vago nos meios para atingi-los. Como os líderes da coalizão não esperavam que Allende vencesse, pouco havia sido pensado sobre o planejamento da implementação do seu programa. Além disso, não havia modelos históricos a serem seguidos de uma transição pacífica e democrática para o socialismo – e a maioria dos marxistas duvidava que ela pudesse ser realizada.

Em consequência, o governo Allende teve de improvisar, inventando mecanismos pelos quais pudesse transferir o poder dos principais controladores da economia, que estava nas mãos dos capitalistas estrangeiros e chilenos, que a tinham sob seu domínio, e passá-lo às mãos do Estado chileno. Planejou-se, então, uma estratégia pragmática e heterogênea, que estava em sintonia com as realidades chilenas, incluindo as muitas restrições em seu poder presidencial, que era confinado ao ramo Executivo. A presidência chilena, no entanto, era tão poderosa que havia sido chamada de "monarquia eleita por seis anos", com fortes poderes executivos que Allende estava preparado para usar plenamente e estender até seus limites legais. A Unidade Popular estava contando com tais poderes e habilidades em sua estratégia para tornar real o socialismo prometido.

O programa da Unidade Popular vislumbrava quatro importantes mudanças estruturais que, em conjunto, lhe dariam o controle dos principais setores da economia: a recuperação das "riquezas [minerais] básicas" do país, particularmente das minas de cobre; a nacionalização dos bancos; uma reforma agrária profunda; e a socialização das principais empresas de produção e distribuição chilenas. Esses eram o cerne de *los cambios* ("as mudanças") que se tornaram sinônimo da revolução chilena.

Allende começou com a nacionalização das gigantescas minas de cobre de propriedade dos Estados Unidos, que representariam a maior mudança e poderiam ser o maior desafio, mas era também a mais popular das mudanças no Chile e a que provocaria menor resistência por parte da população. Pouco antes do Natal, Allende anunciou sua intenção de enviar uma emenda constitucional ao Congresso nacionalizando as minas de propriedade estrangeira. Por trás desse amplo golpe estava uma avaliação política. Allende sabia que a Unidade Popular não tinha, sozinha, votos suficientes para aprovar uma emenda constitucional, mas Tomić também havia endossado a nacionalização, e por isso eles provavelmente poderiam contar com a maioria dos democratas-cristãos para votar a favor dela. Além disso, a nacionalização do cobre era tão popular no Chile em 1970 que Allende estava convencido que nem mesmo a direita ousaria votar contra ela – e, se o fizesse, poderia ter de pagar um alto preço político por isso.

A análise de Allende comprovou-se correta. Em 11 de julho de 1971, sua emenda foi ratificada unanimemente sob a Lei nº 17.450, que a instrumentalizou. Nem mesmo os direitistas mais radicais se atreveram a votar contra ela. Allende celebrou a votação como o "Dia da Dignidade Nacional" e se referiu a ela como a "segunda independência" do Chile. O que Allende chamava de "*el sueldo de Chile*" estava finalmente sob o controle do país. Essa seria uma das poucas mudanças estruturais socialistas da era Allende que a ditadura de Pinochet, apesar do seu compromisso com a propriedade privada, não reverteria.

Era também um passo gigantesco no caminho para o socialismo. Além disso, a essa altura, o governo Allende já havia dado vários pequenos passos para nacionalizar outros recursos minerais do Chile. No dia de Ano-Novo, Allende anunciou, sob os aplausos dos mineiros de carvão no forte reduto de esquerda de Lota-Coronel, que seu governo havia comprado as minas de carvão do Chile de seus proprietários privados. As semanas e os meses seguintes viram a aquisição da mina de ferro Bethlehem Steel e da única usina siderúrgica do país, e também a nacionalização das minas de nitrato de propriedade dos Estados Unidos. Um ano depois de haver assumido a Presidência, Allende podia legitimamente afirmar que havia cumprido a promessa de campanha de recuperar o controle das "riquezas básicas" do país. Esse permaneceria sendo um dos sinais de sucesso do seu governo.

Allende visou à segunda mudança estrutural da Unidade Popular: a nacionalização dos bancos privados. Em um pronunciamento à mídia, na véspera de Ano-Novo, ele prometeu ao povo do Chile um presente especial (*aguinaldo*) de fim de ano: a nacionalização do seu sistema bancário, que em vez de ser usado para os interesses especiais da elite, teria seus recursos utilizados em benefício do povo chileno. Se as companhias de cobre eram os maiores e mais estratégicos investimentos estrangeiros no Chile, os bancos eram os pilares dos doze grupos capitalistas chilenos que dominavam o setor privado do país, cada um dos quais usava seus bancos para atrair as economias da população e transferi-las para as empresas do seu grupo. A nacionalização dos bancos privados iria significar um forte golpe contra esse capitalismo "incestuoso" que vigorava no país, ao mesmo tempo que proporcionaria ao governo Allende os recursos necessários para financiar outras mudanças estruturais e programas sociais.

Como não havia possibilidade de conseguir uma maioria no Congresso para aprovar a nacionalização dos bancos, o governo Allende planejou uma engenhosa estratégia: usar os mecanismos do capitalismo financeiro contra ele próprio. Fundamentalmente, a estratégia era fazer uma oferta pública de aquisição, como se faz em qualquer oferta pública no mercado de ações. Era também um bom exemplo do uso, pelo atual governo, de antigos instrumentos para novos propósitos. Durante o governo da Frente Popular de 1939 a 1941, uma corporação para o desenvolvimento da produção, a CORFO, foi criada para promover a industrialização, e lhe foi dado o poder de criar empresas e comprar e vender ações dessas empresas. Antes de 1970, a CORFO havia funcionado como uma subordinada do capitalismo chileno, fazendo investimentos arriscados em companhias iniciantes, e quando estas provavam seu valor, eram vendidas para capitalistas bem relacionados a um preço abaixo do mercado. Agora, a Unidade Popular iria usar o poder da CORFO para comprar ações *contra* o capitalismo chileno.

Em janeiro, a CORFO divulgou sua oferta para a compra de ações dos bancos privados do Chile a preços acima do mercado, como faria qualquer especulador agressivo para adquirir uma empresa. Só que nesse caso era o governo chileno que estava fazendo a oferta de compra aos acionistas dos bancos. Embora os bancos privados, liderados pelo Banco de Chile, pertencentes à elite, tenham resistido à investida do governo e insistido com seus acionistas para que não vendessem suas ações à CORFO, muitos cederam, em um esforço para salvar parte do seu investimento diante da ameaça do socialismo. Pouco a pouco, o governo adquiriu uma parcela das ações que lhe permitiu controlar banco após banco, incluindo os bancos estrangeiros, que negociaram um preço de compra para suas filiais chilenas. Um ano após a posse de Allende, ele podia afirmar que seu governo controlava 90% do setor bancário do país, embora só em meados de 1972 a CORFO viesse a adquirir a maioria das ações do Banco de Chile. Pode não ter sido uma tomada de controle total como na mineração, mas, em meados de 1972, quase todo o setor bancário estava sob o controle do governo Allende.

Na época, a terceira principal mudança estrutural da Unidade Popular na economia chilena, a reforma agrária, também estava quase completa. A Unidade Popular queria uma reforma agrária profunda, que ao mesmo tempo pusesse um fim no sistema de latifúndio patrimonial que dominava a zona rural chilena desde o período colonial e criasse as bases para um socialismo rural, enquanto aumentava a produção agrária e os padrões de vida do camponês. Os democratas-cristãos haviam iniciado o processo de expropriação com sua lei de reforma agrária de 1967, mas a implementaram de maneira tão inconsistente que deixaram frustrados muitos dos envolvidos com tal reforma, levando vários democratas-cristãos a se unir à Unidade Popular com o MAPU (cujo acrônimo significa terra, em mapuche). Havia pouca chance de que o governo Allende conseguisse a aprovação de uma nova reforma agrária, mas ele podia usar a lei de 1967, aplicá-la em sua integralidade e lhe dar um cunho socialista. É importante destacar que um dos idealizadores da lei, Jacques Chonchol, estava agora a cargo de colocá-la em prática como ministro da Agricultura.

Chonchol esperava aprender com os erros do governo de Frei. As propriedades de províncias ou condados inteiros seriam expropriadas ao mesmo tempo, sem isenções para conexões políticas, a fim de aumentar a eficiência do processo e a abrangência da reforma. As fazendas modernas e com alta tecnologia ficariam nas mãos do governo, mas a esmagadora maioria das terras expropriadas seria dada aos camponeses que nelas trabalhavam, sob a forma de cooperativas, e não como propriedade privada, como muitos democratas-cristãos pretendiam. Além disso, para aumentar a equidade da reforma e resolver um problema social, as esposas dos camponeses residentes se tornariam membros das cooperativas, com direito a voto – e as cooperativas também incorporariam trabalhadores migrantes. Somente quando essas condições fossem satisfeitas é que o governo daria o título legal às terras, permitindo-lhes se tornarem Centros de Reforma Agrária (CERAs) oficiais.

A realização e o aprofundamento da reforma agrária democrática cristã por parte da Unidade Popular foram planejados como um processo gradual, que não interromperia a produção agrícola em um país que as Nações Unidas concluíram que seria um importante exportador de alimentos – a Califórnia da América do Sul –, mas que estava *importando* alimentos cada vez mais desde 1939. O plano era uma reforma gradual, que estaria terminada ao fim dos projetados seis anos de Allende no governo. No fim, a inquietação e a pressão de baixo fariam a Unidade Popular acelerar sua reforma agrária, que estaria completa em dezoito meses, a mais rápida reforma agrária da história sem uma revolução violenta. Em meados de 1972, a reforma agrária estabelecida pela lei de 1967 estava virtualmente completa, com 70% das expropriações realizadas pelo governo Allende durante os dezoito meses precedentes.

Na ocasião, avanços importantes também haviam sido feitos na direção do quarto objetivo de socialização das maiores empresas de produção e distribuição ("monopólios") do país. No capitalismo protegido do Chile, em que "o governo determinava preços, cotas, salários" e a competição era rara, "o melhor negociante não era o melhor administrador, mas o melhor lobista", explicou Daniel Platowsky, mais tarde presidente da Câmara de Comércio do Chile, cuja família era proprietária de uma fábrica de televisões em 1970. Na época, o "incestuoso" capitalismo chileno não era nem empresarial nem eficiente, e o argumento da esquerda de que seus dias haviam terminado parecia plausível. Os estudos mostravam que a propriedade nos setores econômicos do Chile estava extremamente concentrada, assim como as ações do mercado, enquanto as empresas não eram nem competitivas nem criativas.

A solução socialista da Unidade Popular foi formar uma Área de Propriedade Social e Mista (APS) dirigida pela CORFO no caso das maiores e mais estratégicas empresas chilenas. Algumas dessas corporações dessas seriam de propriedade do Estado, enquanto outras teriam um misto de participação pública e privada. Todas teriam a participação do trabalhador em sua administração e administradores do governo para garantir que fossem dirigidas a favor do interesse público, não para maximizar lucros privados. Da mesma maneira que ocorreu com os bancos, o governo Allende estava mais do que disposto a comprar as ações dos proprietários dessas empresas, mas a maioria delas era firmas familiares, cujos acionistas estavam mais propensos a manter uma resistência conjunta que a vender suas participações.

Nesses casos, o governo Allende estava disposto a usar os poderes executivos de decretos-lei datados de 1930, época da Grande Depressão, para novos propósitos. Tal medida permitia que o governo chileno interviesse na administração de empresas cuja produção de produtos de necessidade básica estivesse ameaçada pelas políticas dos administradores e proprietários, ou onde houvesse uma disputa de mão de obra que não conseguisse ser resolvida. Essas intervenções do governo tinham uma duração indefinida, e as ações dos interventores tinham de ser aceitas pelos antigos proprietários quando o problema fosse resolvido. Quando um interventor do governo estava a cargo de uma empresa, os incentivos para seus proprietários privados a venderem ao governo se multiplicavam, variando desde superdimensionar os aumentos salariais concedidos aos trabalhadores até os débitos incorridos nas operações ou na aquisição de maquinário e peças de reposição. Além disso, o governo deixava claro que a intervenção continuaria indefinidamente – até que os proprietários concordassem em vender a empresa.

O tamanho e o escopo da área de propriedade social eram vagos a princípio, um reflexo das diferenças internas dentro da Unidade Popular (entre os socialistas, que não queriam delimitar a APS, na esperança de expandi-la mais, e os comunistas, que estavam comprometidos com uma aliança de classe com a classe média e a "burguesia nacional progressista", e eram sensíveis à necessidade de acalmar as ansiedades dos proprietários das empresas de médio porte, que temiam que elas pudessem lhes ser tomadas). No fim, a APS foi definida como empresas com um capital maior que um milhão de dólares, uma grande soma para o Chile de 1970, o que produziu uma lista de 91 empresas – "*los 91*" da propaganda da Unidade Popular. Depois de um ano da presidência de Allende, setenta empresas estavam nas mãos do governo, embora poucas delas tenham sido compradas.

A legalidade dessas ações do governo seria questionada e se tornaria um ponto de conflito no futuro. A revolução vinda de cima era extremamente legalista, também uma característica da cultura política do Chile. Isso significava que as estratégias para a revolução vinda de baixo tinham de ser legais – ou pelo menos razoavelmente legais –, em uma situação em que o controle da oposição do Congresso limitava a possibilidade de aprovação de tais medidas. O uso dos poderes executivos de decreto para intervir indefinidamente – mas na verdade de maneira permanente – na administração das empresas privadas como uma maneira de obrigar os proprietários privados a vendê-las ao Estado impeliu esses poderes presidenciais a seus limites legais. Em vista da oposição de centro-direita, Allende expandiu esses poderes executivos *além* de seus limites legais. Por fim, isso iria culminar em um conflito constitucional que não poderia ser resolvido e proporcionar a desculpa para o Congresso controlado pela oposição declarar a ilegalidade do governo Allende, dando aos militares uma cobertura constitucional para seu golpe de 11 de setembro de 1973. Em 1971, no entanto, com a revolução avançando e seus oponentes desorganizados, o governo Allende comemoraria essas estratégias como a obtenção do controle sobre os principais setores da economia, que agora iriam trabalhar para "a grande maioria dos chilenos" e constituir no futuro o núcleo da economia socialista do Chile.

A obtenção do controle dos principais setores da economia era um passo gigantesco rumo ao socialismo, mas um caminho democrático para o socialismo também requeria uma maioria eleitoral. Tanto os 36% dos votos de Allende em 1970 quanto os 40% das cadeiras do Congresso conquistadas pela Unidade Popular após as eleições de 1969 eram indicadores de como eles estavam longe da maioria eleitoral e do Congresso, o que lhes permitiria legislar sem grandes dificuldades uma transição para o socialismo. Na estratégia da Unidade Popular para essa transição, a obtenção do controle dos principais setores da economia desempenhava um papel político fundamental, tanto como uma maneira de enfraquecer a base econômica dos inimigos políticos do socialismo no Chile quanto para demonstrar a superioridade do socialismo sobre o capitalismo. Esse seria um processo prolongado, e a Unidade Popular projetava uma maioria eleitoral para o socialismo como o objetivo do governo de seis anos de Allende, o que então possibilitaria uma futura transição democrática.

Entretanto, "as mudanças" na estrutura econômica do Chile eram apenas parte da estratégia política da Unidade Popular, e haveria eleições importantes antes do fim do mandato de Allende, e mais imediatamente eleições municipais nacionais em abril de 1971. Os democratas-cristãos utilizaram o aumento dramático da sua porcentagem de votos nas eleições para o Congresso em 1965, poucos meses depois de Frei se tornar presidente, para reivindicar um decreto para sua "revolução em liberdade". Embora as eleições municipais de abril de 1971 não tenham alterado a composição do Congresso, elas foram vistas por todos os interessados como um veredicto popular simbólico sobre o desempenho e a política do governo Allende e sobre a via chilena da Unidade Popular. Elas podiam ser eleições locais, mas seriam travadas a partir de questões nacionais e contestadas segundo as linhas do partido.

Em abril de 1971, as perspectivas políticas para a Unidade Popular haviam melhorado significativamente. A economia estava respondendo às políticas neokeynesianas de Vuskovic. O crescimento estava aumentando, o desemprego estava caindo e a prosperidade estava retornando. Além disso, a ascensão dos salários reais estava permitindo aos chilenos comprar produtos que antes estavam além do seu alcance, criando "*fiestas de consumo*" que se transformaram em alvo da imprensa e da mídia. Essas mudanças econômicas beneficiaram tanto a classe média quanto os trabalhadores e camponeses chilenos, com apenas um pequeno grupo da elite econômica pagando os custos.

De igual importância no deslocamento do espectro político para a esquerda era a satisfação com – e a confiança em – Salvador Allende e seu governo por parte dos chilenos, incluindo os chilenos de classe média, que não haviam votado nele. Em parte, isso mudou o humor refletido na restauração da estabilidade política. Principalmente, refletiu a habilidade e o estilo dos cinco primeiros meses de Allende como presidente, com sua combinação de moderação e contenção por um lado, mas ações amplas e decisivas por outro, todas informadas por um conhecimento aguçado e sutil do Chile, do seu povo e de suas instituições. Tratava-se de um desempenho extraordinário, que levou o veterano líder comunista Volodia Teitelboim, agudo observador da política chilena desde a década de 1930, a concluir que os primeiros cinco meses da presidência de Allende foram "os mais brilhantemente desempenhados de toda a história chilena".

Juntas, essas realizações iniciais do governo Allende produziram uma mudança importante na opinião pública.

Quando os votos foram contados, em 4 de abril, a Unidade Popular conseguiu a metade dos votos válidos, um pouco mais que os democratas-cristãos centristas e os nacionalistas e democratas radicais de direita juntos. Esse foi um salto enorme no apoio popular para a esquerda, a primeira vez na história chilena que ela havia conquistado a maioria em uma eleição de âmbito nacional. Isso significava que muitos na classe média, assim como trabalhadores, camponeses e *pobladores*, estavam agora querendo apoiar a Unidade Popular. Como a estratégia popular da Unidade Popular para conquistar uma maioria para o socialismo girou em grande parte em torno de uma aliança de classe entre trabalhadores, camponeses e classe média, esse deslocamento na opinião e nas lealdades políticas da classe média foi visto como um indicador-chave de que a via chilena era viável. Além disso, era um veredicto positivo sobre "as mudanças" que o governo Allende havia começado a implementar. A Unidade Popular podia agora reivindicar um mandato popular para seu caminho democrático para o socialismo.

Podia também rever seu calendário para o socialismo. Essa onda esquerdista representava uma mudança sísmica na política chilena, pondo fim à tradicional divisão em "três terços" do eleitorado (ou seja, entre a esquerda, a direita e o centro). Além disso, a Unidade Popular tinha a força do seu lado. Se esse deslocamento continuasse – e, em abril, poucos na liderança da Unidade Popular duvidavam de que ele continuaria –, uma maioria eleitoral para o socialismo seria consolidada no Chile muito antes de terminados os seis anos da presidência de Allende. Então seria possível – talvez até dentro de um ano – convocar um plebiscito constitucional sobre a substituição do Congresso bicameral do Chile por uma "Assembleia do Povo", cuja composição refletiria esse deslocamento para a esquerda. Isso permitiria à Unidade Popular legislar uma transição democrática para o socialismo ainda *durante* o governo Allende.

Essa foi uma perspectiva que levou Allende a rejeitar a proposta de Tomić de uma pós-eleição municipal para essa "aliança de todas as esquerdas" que os democratas-cristãos haviam rejeitado em 1969, mas que podiam aceitar sob as circunstâncias políticas modificadas de abril de 1971. Na euforia da Unidade Popular que se seguiu às eleições municipais, parecia não haver razão para se comprometer com os democratas-Cristãos se a coalizão esquerdista estava em vias de consolidar sozinha uma maioria eleitoral para o socialismo. Ao contrário, a Unidade Popular contava que muitos dos votos que iriam consolidar sua maioria viriam dos democratas-cristãos, que eles esperavam que se enfraquecessem e se dividissem à medida que a política chilena se polarizasse, com os partidários da ala de esquerda do partido de Tomić se unindo à Unidade Popular.

Em grande parte da Unidade Popular, as eleições de abril de 1970 beiraram uma euforia que conduziu a uma crença de que qualquer coisa agora era possível – e a uma estratégia "maximalista" de pressionar as mudanças até o limite. Allende continuava cauteloso. Ele acreditava que sua revolução vinda de cima, cuidadosamente controlada e bem executada, era responsável por esse salto no apoio à esquerda, e que essa era a estratégia que iria consolidar aquela maioria eleitoral que permitiria à Unidade Popular legislar no futuro. Era uma estratégia em que o momento e a sequência certos eram importantes, pois só assim seria possível à Unidade Popular isolar seus adversários e os confrontar um por um – primeiro o capital internacional, depois as diferentes frações da burguesia chilena. Tal estratégia permitiria também à Unidade Popular tirar vantagem das rivalidades e das contradições no campo de seus inimigos – onde o capital nacional se ressentia dos recursos superiores das corporações estrangeiras enquanto competiam umas com as outras, e as empresas chilenas menores se ressentiam da dominação frequentemente brutal dos mercados, do capital e das produções das empresas maiores – para encorajar a crença em um grupo que não estava sob ataque, em que seus interesses podiam ser distribuídos ou renegociados como empresas mistas, desencorajando uma aliança contrarrevolucionária que poderia impedir o caminho democrático para o socialismo ou no mínimo retardá-lo ou obrigá-lo a realizar um desvio. Além disso, era fundamental para o sucesso de tal estratégia que fosse mantida viva a crença de que Allende era um político chileno com o qual era possível negociar.

Em abril de 1971, depois das eleições municipais, a estratégia de Allende parecia triunfante e destinada a avançar mais. Tudo o que ele tinha a fazer era continuar essa revolução controlada, paulatina e sequenciada, vinda de cima, para concluir o caminho democrático rumo ao socialismo. Mas Allende não contava com a revolução vinda de baixo.

Uma revolução vinda de baixo

Apesar de suas personagens, estratégias e táticas diversas, os diferentes elementos da revolução vinda de cima, isto é, do governo Allende, compartilhavam importantes características comuns. Todos eles eram conseguidos por meios legais; todos eram concebidos, orquestrados e controlados pelas autoridades do governo, que planejavam e ajustavam suas estratégias e táticas, e escolhiam os momentos certos para garantir que fossem compatíveis uns com os outros, com as condições objetivas e com a estratégia geral da via chilena.

No entanto, o momento certo, a sequência, o escopo e o controle dessa planejada revolução vinda de cima foram desafiados e transformados pela erupção de uma imprevista, porém acelerada e profunda, "revolução vinda de baixo", pela ação de trabalhadores, camponeses e *pobladores* do Chile. Essa revolução vinda de baixo com frequência coincidia com, ou complementava, mas cada vez mais divergia da revolução legalista e modulada vinda de cima, em um processo mais espontâneo e interativo das bases que não era facilmente controlado de cima. Se a marca registrada da revolução vinda de cima era seu legalismo, a marca registrada da revolução vinda de baixo era a *toma*, a apropriação da propriedade, ação formalmente ilegal mas socialmente justa. Na revolução chilena, a maioria das ocupações foram de lugares em que as pessoas moravam ou trabalhavam, ou esperavam morar ou trabalhar – um pedaço de terra desocupada no subúrbio invadido pelos *pobladores* sem-

-teto, uma grande fazenda rural ocupada por camponeses sem-terra, ou uma fábrica urbana ocupada por seus trabalhadores.

Além do denominador comum da *toma*, a revolução chilena vinda de baixo foi diversa e difícil de ser caracterizada. Em parte, representava a frustração de muitos chilenos com a decepcionante "revolução em liberdade" de Frei e sua impaciência diante da lentidão, do legalismo e das limitações da revolução vinda de cima levada a cabo por Allende. E em sua maior parte, refletia a percepção do povo chileno acerca do "triunfo popular" de Allende nas urnas e seu "governo popular" como uma oportunidade única de realizar seus sonhos. Sonhos esses que tendiam a ser muito concretos: no caso dos *pobladores*, "*una casa digna*" (própria); no caso dos camponeses, uma terra própria; no caso dos indígenas, a terra que antes era deles; no caso dos trabalhadores industriais, a nacionalização da sua fábrica e posterior controle dos trabalhadores.

A reviravolta nas expectativas populares que deram apoio à revolução vinda de baixo começou durante a campanha eleitoral – e Allende foi em parte responsável por isso. Na fábrica têxtil de algodão Yarur, ela teve origem no seu discurso de campanha. Diante de seu chefe onipotente e muito odiado, Amador Yarur, Allende disse aos quinhentos trabalhadores que enfrentaram o esquadrão fortemente armado e os informantes para ouvi-lo que, se ele fosse eleito, iria tomar a fábrica dos Yarur e entregá-la " aos trabalhadores e ao povo do Chile". Um ano depois, os trabalhadores citaram essa promessa quando fecharam a fábrica e exigiram sua nacionalização.

Para a maioria dos chilenos, no entanto, as palavras que lhes permitiam realizar uma revolução vinda de baixo foram as declarações de Allende de que, como presidente, ao contrário de seus predecessores, não iria usar as forças de segurança do Estado para reprimir "o povo". Para os *pobladores*, que ansiavam pela casa própria; para os índios mapuche, que procuravam recuperar suas terras tomadas durante o século anterior; para os camponeses, aos quais o governo de Frei prometeu, mas não concedeu, a terra em que trabalhavam, as palavras de Allende eram um sinal de que eles podiam tomar a revolução nas mãos e realizar seus sonhos sem temer a repressão. A maioria deles acreditava que, assim fazendo, também estaria avançando o "processo revolucionário" como um todo, mas com frequência não se dispunham a parar, retardar ou renunciar à sua revolução diante da oposição de Allende, encarando-a como uma oportunidade única na vida. No processo, aprofundaram o próprio entendimento da democracia e do socialismo, bem como a compreensão de seus direitos econômicos e sociais. Também se tornaram protagonistas do próprio destino, participantes ativos do processo revolucionário e da sua política, em vez de clientes passivos ou uma mera base de apoio para partidos, sindicatos e líderes. Finalmente, alguns desses envolvidos na revolução vinda de baixo passaram a se ver como os "verdadeiros revolucionários", e os líderes da revolução vinda de cima como meros "reformistas". As tensões que se desenvolveram entre as revoluções vindas de cima e as de baixo nunca foram totalmente resolvidas. Por todas essas razões, a revolução vinda de baixo alterou significativamente o escopo, a sequência, o momento certo, a tática e a estratégia da revolução chilena, bem como seu caráter e curso.

A revolução vinda de baixo começou antes mesmo de Allende tomar o poder, por meio de uma onda de ocupações de terras desocupadas nos subúrbios das principais cidades do Chile. Esse foi o aspecto mais familiar da revolução vinda de baixo. Favelados sem-teto em busca da casa digna já vinham *"tomando sitios"* há mais de duas décadas, um reflexo tanto do enorme déficit habitacional do país quanto da migração rural, causa importante dessa crise habitacional.

O que era diferente agora era o caráter maciço das ocupações, a organização dos *pobladores* e o fato de muitas ocupações fazerem parte de um projeto político mais amplo. As ocupações começaram a aumentar com o fracasso do programa habitacional de Frei de entregar as prometidas 240 mil unidades habitacionais para pessoas de baixa renda. Aceleraram durante as campanhas eleitorais de 1969 e 1970, e deram um salto quantitativo depois da posse de Allende. Durante 1969 e

1970, houve mais de trezentas ocupações em Santiago, e no final de 1971 havia 275 *campamentos* – com cerca de meio milhão de pessoas (um sexto da população chilena) vivendo em alojamentos temporários tipo barracas ou em barracos construídos por elas próprias – na área metropolitana da Grande Santiago, resultado das *tomas* da era Allende. Essa onda de ocupações refletia a urgência e a gravidade da crise habitacional do país, embora muitas delas tenham sido organizadas por partidos ou movimentos políticos, e algumas representassem um projeto político que ia além de "*una casa digna*".

O Partido Comunista, a força política que há décadas estava por trás dos Comitês Sem Casa, também estava por trás da organização de muitas dessas ocupações, com o objetivo de conquistar partidários, "acumular forças" e avançar o processo revolucionário. Mas era o MIR, o pequeno movimento guevarista à esquerda da Unidade Popular, que encarava mais seriamente os acampamentos como um projeto político revolucionário. O MIR havia sido fundado por estudantes logo após a Revolução Cubana, incluindo os filhos de líderes do Partido Socialista, cuja ala de esquerda parecia às vezes se justapor ao MIR – o sobrinho de Allende era um dos principais líderes desse movimento. No final da década de 1960, o MIR estava se preparando para uma guerra de guerrilha, roubando bancos e comprando armas. Havia previsto que Allende não seria eleito e permanecia cético em relação ao êxito da via chilena, que encarava mais como uma política reformista que revolucionária. Quando Allende tornou-se presidente, o MIR adotou uma postura crítica, mas de apoio, ao caminho democrático para o socialismo. Pôs de lado seus preparativos para a luta armada e investiu seus recursos humanos limitados, porém talentosos e extremamente dedicados, para radicalizar a revolução chilena vinda de baixo, por meio de frentes populares como o Movimento Campesino Revolucionario (MCR) e o Movimento de Pobladores Revolucionarios (MPR), grupos que, diferentemente dos trabalhadores industriais, ainda não tinham sido organizados pelos rivais comunistas e socialistas do MIR.

O MPR não apenas prometeu e ajudou a organizar as ocupações das terras suburbanas desocupadas, mas também tentou organizar os *campamentos* resultantes como comunidades revolucionárias sob seu controle. A Nova Havana, nas colinas dos Andes próximas de Santiago, era o *campamento* mais emblemático do MIR. O próprio nome – Nova Havana – revelava sua inspiração, seu modelo e seu objetivo. Enquanto a maioria dos *campamentos* que eram produtos de ocupações pareciam não planejados, Nova Havana estava estabelecida em uma rede com ruas retas que se encontravam em ângulos retos e convergiam para espaços públicos. A eletricidade e as redes de esgoto e de água também eram bem organizadas. Cada um de seus 24 quarteirões quadrados tinha sua sede social. No devido tempo, seria o lar de 1.500 famílias, cerca de nove mil pessoas. Em parte para baixar os custos de construção, mas principalmente para elevar a consciência mediante a cooperação de grupo, essas pessoas inicialmente ocuparam apenas uma parte da terra e construíram suas casas na parte desocupada do lugar. Cada família construiu a própria casa, quando necessário com a ajuda de uma "milícia" de trabalho do *campamento*. Elas também se aproveitaram da nova política de "execução direta" do governo Allende – resultado de um diálogo entre a revolução vinda de cima e a revolução vinda de baixo –, que dava aos *pobladores* materiais de construção e lhes pagava para construir a própria moradia permanente, evitando assim os adiamentos e altos custos da construção privada que visava ao lucro e que havia limitado o programa habitacional de Frei, e ao mesmo tempo treinando os *pobladores* como operários da construção civil, reduzindo o desemprego nesse processo. O orgulho que as famílias tinham de suas casas era compreensível, mas o empreendimento também podia ser encarado como um exemplo bem-sucedido de colaboração entre a revolução vinda de cima e a revolução vinda de baixo.

O envolvimento do MIR em *campamentos* como o Nova Havana e o envolvimento dos comunistas em outras *poblaciones* (produtos de ocupações) enfatizavam que a revolução vinda de baixo dificilmente seria espontânea ou totalmente autônoma. Mas a espontaneidade e a autonomia relativa eram características da revolução vinda de baixo, em contraste com a revolução vinda de cima. Os líderes do *campamento*, escolhidos por seu ativismo local, eram com frequência membros de grupos políticos e às vezes sentiam as tensões desses papéis duais. Mas nenhum dos *campamentos* – nem mesmo Nova Havana – era composto inteiramente de membros ou simpatizantes de um grupo político, o que limitava o alcance do controle político. Essa relativa autonomia da revolução vinda de baixo era uma realidade na maioria das centenas de *tomas de sitio*, *campamentos* e *poblaciones* da era Allende – e era uma realidade também para as milhares de apropriações de terra rural durante esses anos.

Ironicamente, a revolução rural vinda de baixo não se iniciou no Vale Central do Chile, centro dos grandes latifúndios e principal alvo da lei democrata-cristã de reforma agrária de 1967. Em vez disso, começou nas florestas do sul do país, terra natal dos mapuche, principal grupo indígena do Chile, que haviam resistido com sucesso à conquista dos europeus durante todo o período colonial, até serem finalmente dominados durante as décadas de 1870 e 1880, uma dominação consolidada por imigrantes alemães acostumados com as condições alpinas.

Durante o século seguinte, os mapuche foram cada vez mais perdendo suas terras – para a política do governo chileno, para os imigrantes europeus, para tribunais e políticos corruptos. Na década de 1960, esse povo anteriormente orgulhoso estava reduzido à pobreza, muitos de seus jovens haviam migrado para as cidades em busca de sobrevivência e sua cultura estava em risco. Diante dessa situação terrível, alguns mapuche consideravam prioritária a defesa de sua cultura, enquanto outros, convencidos pelos argumentos da base classista da esquerda – tanto cristãos quanto marxistas –, tinham chegado à conclusão de que eles deveriam se aliar a outros chilenos rurais pobres para garantir a reparação.

Quando a reforma agrária realizada pelos democratas-cristãos – que visava às grandes propriedades do Vale Central

– não atingiu os mapuche, e como Allende havia prometido não reprimir o povo, muitos indígenas decidiram tomar a revolução nas próprias mãos. Logo depois da posse de Allende, os mapuche iniciaram o que foi chamado de "corrida das cercas". Eles se reuniram de madrugada diante da cerca que dividia as terras tomadas de suas já reduzidas terras, com suas xamãs e cornetas de concha de caracol, armados com pouco mais que porretes de madeira, e removeram as cercas para onde elas estavam originalmente (antes da expropriação de suas terras). Essas ações – formalmente ilegais, embora inspiradas por uma profunda noção de injustiça – foram suficientemente desafiadoras do *status quo*, mas outros mapuche foram além e realizaram *tomas de terrenos*, incluindo a ocupação de fazendas que eram pequenas demais para ser expropriadas segundo a lei de reforma agrária de 1967.

A comunidade de Nicolás Ailío havia sido vítima de uma injusta perda de terra durante quase um século. A comunidade havia contestado essas expropriações em disputas judiciais que duravam décadas, mas mesmo quando conseguiam ir a julgamento, a riqueza e a influência política dos europeus e dos chilenos que haviam tomado suas terras os impediram de recuperá-las. No entanto, quando Allende tomou posse e eles se sentiram com poder para agir e reparar essa injustiça, não se moveram para recuperar essa parcela de terra relativamente pequena. Em vez disso, optaram por uma ocupação das terras do Fundo Rucalán, muito maiores. Em parte, sua escolha por uma ocupação refletia a inspiração de outras ocupações bem-sucedidas na região, e em parte o envolvimento de índios mapuche de outras comunidades. Entretanto, em sua maioria, refletia a pobreza e o crescimento populacional da comunidade, que mesmo a recuperação dos 35 hectares roubados não resolveria.

Heriberto Ailío, um líder da comunidade, era bastante consciente de sua pobreza. Para ele, era fundamental aceitar a análise de classe do MIR, o que o levou a se tornar um dos fundadores na região de uma frente de massa camponesa, o Movimiento Campesino Revolucionario (MCR), que ajudaria a organizar a ocupação do Fundo Rucalán um mês depois da posse de Allende.

A ocupação de Rucalán em 19 de dezembro de 1970 não foi violenta, apesar de os mapuche estarem "armados" com paus, e o grupo do MIR, com pistolas. Eles inclusive tomaram o cuidado de proteger as senhoras da casa e lhes garantir que elas não corriam perigo, e de dar ao proprietário, Juan Bautista Landerretche, e à sua família, tempo para arrumar malas com suas roupas e joias e sair em seus dois automóveis.

No entanto, a violenta reocupação armada liderada pelo proprietário cinco dias depois – na véspera de Natal – deixou três mapuche feridos e mulheres e crianças desarmadas fugindo aterrorizadas. A violência e os feridos transformaram a ocupação e a reocupação do Fundo Rucalán em uma prévia do que seria a guerra civil entre a revolução e a contrarrevolução. A mídia direitista transformou-a em uma violenta conspiração do MIR, um ataque à propriedade privada, prova também do clima de violência criado pelo caminho ostensivamente não violento para o socialismo.

Para o governo Allende, que diante da ocupação adotou uma atitude de esperar para ver – visto que Rucalán não era candidata à expropriação, segundo a lei da reforma agrária de 1967 –, a violência da reocupação criou um conflito social que exigia uma resolução imediata por parte do Estado. A confrontação violenta na zona rural de Cautín também alertou a Unidade Popular de que o conflito com relação às terras rurais havia se intensificado a ponto de escapar do controle e causar problemas políticos para a via chilena. Nos primeiros dias de 1971, Jacques Chonchol transferiu seu Ministério da Agricultura para Cautín durante 45 dias e declarou a intenção de aplicar integralmente a lei da reforma agrária na província. Poucos dias depois, anunciou centenas de expropriações em Cautín e, em 4 de fevereiro, expropriou Rucalán e outro fundo de propriedade de Landerretche – que juntos totalizavam mais que o mínimo legal para a expropriação.

Esperava-se que a conclusão da reforma agrária em Cautín pusesse um fim no conflito com base na terra e iniciado de baixo para cima na região. Também assinalou o compromisso da Unidade Popular em realizar sua revolução, mas de forma legal. Entretanto, para os camponeses do Chile, tais ações enviavam uma mensagem diferente. O que eles viam era que a onda de ocupações em Cautín e o conflito social que criaram haviam levado o governo a acelerar e intensificar a reforma agrária na província, dando-lhe prioridade sobre outras áreas e até mesmo expropriando fazendas que não eram suficientemente grandes para se qualificar segundo os termos da lei de 1967.

Para os camponeses, cujas expectativas de serem donos da terra em que trabalhavam haviam sido aumentadas e depois desapontadas pelos democratas-cristãos, as implicações eram claras. A maneira de garantir que seriam os beneficiários da reforma agrária da Unidade Popular – e quanto mais cedo, melhor – era tomar essa terra e criar um conflito social que o governo então teria de resolver aplicando a lei da reforma agrária. Como resultado, a onda de ocupações de terra logo se disseminou para o norte até o Vale Central do Chile, onde os protagonistas eram camponeses mestiços, e os proprietários, membros de destaque da elite latifundiária chilena, o que garantiu que a revolução rural vinda de baixo permanecesse nas primeiras páginas da imprensa direitista e entre as prioridades dos políticos de direita.

Entretanto, para a Corporación de la Reforma Agraria (CORA), a agência estatal encarregada de implementar a lei da reforma agrária de 1967, essa onda de ocupações tinha algumas vantagens. Com os camponeses ocupando uma fazenda e o governo evitando usar a força para reprimi-los, e também pelo fato de não estar disposto a tolerar reocupações violentas, a CORA estava em uma posição mais forte para negociar a expropriação e a compensação com os antigos proprietários de terras. Além disso, a lei da reforma agrária não cobria a expropriação de gado e maquinário, o capital de trabalho de uma fazenda, aspectos que implicavam um custo considerável que os camponeses pobres não podiam se permitir arcar, e que o governo não estava em condições de prover em uma escala tão ampla. Uma ocupação bem-sucedida significava uma apropriação das máquinas e do gado, colocando a CORA em boa posição para negociar também a venda desses ativos com o antigo proprietário. Encaradas sob essa ótica, a revolução vinda de cima e a revolução vinda de baixo eram simbióticas.

Entretanto, para a Unidade Popular, tal disseminação da revolução rural vinda de baixo criou um conjunto de problemas econômicos, sociais e políticos que se reforçavam mutuamente. Do ponto de vista econômico, a reforma agrária intensificada e acelerada significou custos de transição mais elevados num período de déficits orçamentários, e um declínio maior da produção agrícola durante o período de transição, em uma época em que a elevação das rendas chilenas estava aumentando a demanda por alimentos, obrigando o governo a usar suas limitadas reservas cambiais para importá-los. Do ponto de vista social, a revolução rural vinda de baixo ameaçava a estratégia básica de aliança de classe da via chilena. Ao tomar as fazendas em que trabalhavam, era improvável que os camponeses pudessem calcular se elas eram maiores que o limite legal de oitenta hectares irrigados da melhor terra ou seu equivalente (uma fórmula técnica complicada que podia isentar fazendas bem grandes da expropriação). O resultado disso foi a expropriação pelas ocupações de muitas fazendas de porte médio, impelindo seus proprietários a se engajar na contrarrevolução, e criando ansiedade até mesmo entre os pequenos fazendeiros, que acreditavam que suas terras também seriam perdidas para uma revolução rural vinda de baixo que o governo, apesar de todas as garantias, não estava disposto ou era incapaz de controlar. Politicamente, isso significava que a divisão política em um Chile polarizado podia chegar a um ponto muito baixo na escada social para consolidar uma maioria para o socialismo. Além disso, ameaçava também internamente a Unidade Popular, pois os proprietários das fazendas de pequeno e médio portes eram uma base importante para o Partido Radical, cujos muitos senadores e seu caráter de classe média o tornavam um membro fundamental da coalizão governante e da estratégia desta de aliança de classe para o socialismo.

Isso ficou claro em Melipilla, uma área conservadora próxima de Santiago, em março de 1972, quando um movimento camponês assumiu o controle de todas as grandes propriedades da província em uma ocupação maciça e coordenada. A proximidade de Melipilla com Santiago, o escopo da ocupação e a riqueza e o *status* dos proprietários de terras envolvidos fizeram do conflito na região uma causa nacional célebre, na qual a imprensa direitista se concentrou durante dias, especialmente quando os líderes camponeses da ocupação foram presos por ordem de um juiz da elite local e os defensores dos camponeses reagiram invadindo o tribunal, o que provocou manchetes sobre a "ocupação do tribunal" de Melipilla. Como sempre, membros misteriosos do MIR foram responsabilizados por instigar e dirigir dos bastidores as ocupações, e o governo Allende foi atacado por promover um clima de violência que agora, de maneira chocante, movia-se da fazenda para o tribunal, atacando tanto juízes quanto proprietários de terras. A verdadeira história, no entanto, era outra: o grupo que havia organizado a ocupação foi o sindicato local dos camponeses, que não era dominado pelo MIR, mas pelo mais moderado MAPU, como parte de uma estratégia paradoxal da Unidade Popular para pôr fim à inquietação rural – e o crescimento do MIR –, acelerando a revolução rural em vez de contê-la.

A resposta da Unidade Popular ao problema colocado por uma revolução rural vinda de baixo e baseada na fome de terra foi acelerar e intensificar a revolução rural vinda de cima. Em um dia de abril de 1972, por exemplo, a CORA expropriou todas as grandes propriedades privadas da província de Talca, no coração do Vale Central do Chile, diante de uma audiência de camponeses reunidos no estádio local, vestidos com seus melhores trajes de domingo para a ocasião. Na entrada da província, um grande cartaz proclamava o "fim ao latifúndio em Talca".

O resultado dessa reforma agrária acelerada e intensificada, produto da interação mutuamente reforçadora entre as revoluções rurais vindas de cima e de baixo, foi dramático. Em meados de 1972, o governo Allende havia expropriado mais de três mil fazendas, concluindo seus objetivos de reforma agrária em dezoito meses, em vez de em seis anos. Foi a reforma agrária mais rápida e devastadora sem uma revolução violenta de toda a história, tão rápida e devastadora que Chou En-lai, líder revolucionário chinês, advertiu Allende de que ele estava indo depressa demais. Em meados de 1972, o latifúndio, que havia dominado o Chile rural desde o período colonial, e que servira de base para a elite chilena durante a maior parte da história do país, não existia mais. O relacionamento simbiótico entre a revolução vinda de cima e a revolução vinda de baixo havia transformado a zona rural chilena.

As ocupações de terrenos (*sítios*) suburbanos desocupados por favelados sem-teto podem ter se multiplicado durante a era Allende, mas há muito tempo faziam parte do cenário chileno (e não eram incompatíveis com a via chilena). As ocupações de terras agrícolas haviam sido raras antes do governo da Unidade Popular, mas também não eram totalmente desconhecidas. Além disso, sua simbiose com a estratégia de expropriação da CORA as tornou em geral compatíveis com a revolução vinda de cima. As ocupações de fábricas, no entanto, eram desconhecidas no Chile antes da presidência de Allende, com a possível exceção das indústrias que foram abandonadas por seus proprietários. Por isso a ocupação da fábrica têxtil de algodão de Yarur, a maior do país, por seus trabalhadores, em 28 de abril de 1971, e sua exigência de que esta fosse socializada, chocou o país e colocou Allende e sua revolução vinda de cima diante de um importante desafio.

Como aconteceu com a ocupação do Fundo Rucalán, a ocupação da fábrica Yarur seguiu uma lógica local e refletiu uma dinâmica também local – embora dentro de um contexto nacional que a promovia. Yarur era uma empresa familiar administrada por um chefe personalista e paranoico, Amador Yarur, famoso por seu autoritarismo e por suas relações de trabalho antissindicalistas, que administrava seu negócio por meio de informantes, grupos fortemente armados e um sindicato da empresa ("pelego"). Era também uma fábrica em que os trabalhadores se sentiam explorados e alienados por uma combinação de salários baixos e um Sistema Taylor de normas intensificadas de trabalho padronizado que os transformavam em extensões das máquinas que operavam.

Foi o sonho de um sindicato independente a representá-los que levou uma nova geração de trabalhadores da Yarur a organizar um movimento clandestino na fábrica durante a campanha eleitoral de 1970. Com o apoio do novo governo Allende, esse movimento conseguiu triunfar nas primeiras eleições sindicais honestas em uma década entre os operários, e constituir o primeiro sindicato entre os funcionários administrativos da empresa. Amador Yarur, no entanto, se recusou a respeitar a nova liderança do sindicato dos operários e a aceitar o novo sindicato dos funcionários administrativos, continuando suas políticas de proibição dos sindicatos que sempre funcionara no passado, mas agora dentro de um novo contexto nacional, o que levou até mesmo seus assessores mais próximos a aconselhá-lo a escolher um curso conciliatório. A experiência poderosa de "triunfo revolucionário", combinada com a intransigência continuada de seu chefe diante de um contexto nacional de um "governo de trabalhadores" e um "caminho chileno para o socialismo", radicalizou os líderes dos operários da fábrica, que apresentaram um conjunto de exigências a ser negociadas com Amador Yarur. Diante da resistência deste, as negociações se converteram em um ultimato que Yarur rejeitou, o que levou os trabalhadores a convocar uma greve. Os trabalhadores fecharam a fábrica e não permitiram que ninguém entrasse ou saísse até que ela fosse nacionalizada por Allende.

Embora a ocupação da Yarur refletisse uma luta local, ela foi também produto de um contexto nacional mais amplo. Os líderes sindicais da fábrica trabalharam intimamente, durante semanas, com altas autoridades do Ministério da Economia, que estavam cada vez mais preocupados com o que encaravam como os esforços dos capitalistas do Chile para destruir a estratégia e o sucesso econômicos do governo Allende "sabotando a produção". Os líderes sindicais da Yarur haviam coletado dados sobre a paralisação das máquinas, o declínio nos estoques do produto, a não encomenda de peças de reposição. Em abril, Vuskovic e seu ministério queriam intervir na fábrica por razões *econômicas*, e decidiram que a Yarur era o melhor caso para confisco legal devido às irregularidades financeiras e à sabotagem da produção.

Além disso, os argumentos políticos a favor da contenção e da moderação desapareceram com as eleições municipais de 4 de abril de 1971, quando a União Popular conquistou a maioria dos votos válidos. Até mesmo os líderes da Unidade Popular se renderam ao triunfalismo, que encarava essa eleição como uma autorização para a mudança e a realização de um salto quantitativo na direção do caminho chileno para o socialismo. Para o Partido Comunista, que havia liderado e perdido as lutas prévias na Yarur, esse era um lugar simbólico para começar a briga com os capitalistas industriais do Chile. Para os socialistas, que haviam iniciado e liderado o atual movimento dos trabalhadores na Yarur, essa era uma fábrica estratégica e uma maneira de usar a revolução vinda de baixo para radicalizar a revolução vinda de cima. O MAPU, terceiro principal partido de esquerda da Unidade Popular, também estava representado entre os líderes trabalhadores da Yarur, bem como por Oscar Guillermo Garretón, funcionário do Ministério da Economia encarregado da ligação com a Yarur. Os líderes trabalhadores da fábrica podiam estar reagindo a uma situação local, com sua lógica e dinâmica próprias, mas foram encorajados pelos principais partidos políticos da Unidade Popular, assim como pelo mais importante ministério do governo Allende e pela confederação dos sindicalistas, todos eles conscientes de que a situação revolucionária na Yarur estava prestes a explodir.

Finalmente, os trabalhadores da Yarur lembraram a promessa pública que Allende fizera durante a campanha eleitoral de 1970, de nacionalizar seu local de trabalho. Por isso, ao assumirem o controle da indústria, em abril de 1971, e pedirem a Allende para nacionalizá-la, eles não apenas acreditavam que estavam avançando o "processo revolucionário", mas também que estavam ajudando o presidente a fazer o que dissera que faria caso fosse eleito: "tirar a indústria" dos Yarur e entregá-la aos "seus trabalhadores e ao povo do Chile".

Para Allende, no entanto, a tomada da maior fábrica têxtil de algodão do Chile pelos trabalhadores em 28 de abril de 1971 e a exigência de que ele a nacionalizasse eram uma ameaça à sua estratégia controlada e paulatina de revolução vinda de cima, segundo a qual a incorporação das indústrias de produção do Chile à área de propriedade social deveria ser adiada até que a aquisição e expropriação dos bancos e das empresas estrangeiras estivesse concluída, para dessa forma dividir, isolar e neutralizar os setores bem-sucedidos da burguesia nacional durante a transição para o socialismo. Foi por isso que – apesar da sua promessa de campanha – Allende resistiu às exigências dos trabalhadores para que tirasse a Yarur de seus proprietários e a incorporasse imediatamente à área de propriedade social.

Igualmente importantes para Allende eram as questões fundamentais sobre a liderança revolucionária que a ocupação da Yarur levantava: "*Los procesos* [revolucionários] *exitosos se hacían con una dirección ferrea, consciente, no al lote*" [Os processos revolucionários bem-sucedidos transcorriam sob uma direção férrea, consciente, não ao acaso], enfatizou Allende aos líderes trabalhadores da Yarur. "*Las masas no podían sobrepasar a los dirigentes, porque estos tenían la obligación de dirigir y no dejarse dirigir por las masas.*" [As massas não podiam exceder os dirigentes, porque estes tinham a obrigação de dirigir e não de se deixar dirigir pelas massas.] Esse era o argumento da revolução vinda de cima. E essa também não era uma preocupação puramente teórica para Allende: "*Si doy la buena vista a esta toma*" [Se aceito esta tomada], enfatizou Allende, "*se van a ver otra y después una segunda y después una tercera… porque ya me escapó una*" [vamos ver outra, depois uma segunda e depois uma terceira… porque já deixei passar uma].

Por fim, Allende cedeu e concordou em ratificar as exigências dos trabalhadores e incorporar a indústria têxtil de algodão Yarur à área de propriedade social, mas não porque os trabalhadores o convenceram de que estavam corretos, desaprovavam seu argumento ou porque só assim acalmariam seus temores, e sim porque os trabalhadores industriais do Chile constituíam a base fundamental de Allende, base essa que ele não estava disposto a confrontar ou reprimir. Mais surpreendente também porque Allende, o mestre da manipulação política, foi manipulado politicamente pelos líderes trabalhadores da Yarur, que mobilizaram uma impressionante aliança de partidários que incluía os líderes nacionais da CUT chilena e os principais partidos de coalizão da Unidade Popular, assim como o ministro da Economia Pedro Vuskovic, o ministro mais poderoso do governo Allende. Entretanto, esse apoio aos trabalhadores da Yarur vindo de atores nacionais fundamentais enfatizava mais uma vez que a revolução vinda de baixo nunca era completamente autônoma nem totalmente espontânea. Os partidos e movimentos da esquerda com frequência desempenhavam papéis importantes nos bastidores, e o mesmo acontecia com os altos funcionários do governo Allende e suas agências. Isso era verdade quer o MIR estivesse encorajando os favelados sem-teto a ocupar terras suburbanas desocupadas ou os povos indígenas a tomar de volta as terras que lhes tinham sido roubadas no século anterior, o MAPU estivesse promovendo as ocupações de terra pelos camponeses, as autoridades da CORA estivessem colaborando tacitamente com essas ocupações dos camponeses, quer o ministro da Economia e os líderes comunistas e socialistas estivessem defendendo as exigências dos trabalhadores para a incorporação de suas fábricas à área de propriedade social antes do momento adequado.

Isso revela uma importante fraqueza no processo revolucionário do Chile: a fragmentação das lealdades e das tomadas de decisão que criava tensões e contradições dentro da coalizão da Unidade Popular, dentro do governo Allende, dentro dos partidos, das agências e dos indivíduos – e entre as várias combinações destes e do processo revolucionário chileno como um todo. E, mais que tudo, enfatizava as tensões entre a revolução vinda de cima e a revolução vinda de baixo, tensões que jamais foram totalmente resolvidas e que aumentavam em escopo e profundidade à medida que o processo revolucionário avançava, especialmente quando seus avanços diminuíam sua velocidade e eram ameaçados pela contrarrevolução – tensões e contradições que desempenharam um papel importante no fracasso final da via chilena.

Allende não estava errado ao profetizar as consequências que adviriam de permitir que a ocupação da Yarur liderasse a incorporação da fábrica à área de propriedade social. Em sua esteira, o Chile testemunhou ondas de ocupações e socializações de fábricas, começando pelo restante da indústria têxtil, mas, no devido tempo, incluindo fábricas menores que não estavam na lista das 91 grandes empresas estratégicas que deveriam ser incorporadas à área de propriedade social. Em meados de 1973, mais de quinhentas empresas estavam nas mãos de seus trabalhadores. O escopo, a velocidade e o ritmo de tais ocupações de fábricas obrigaram o governo Allende (a revolução vinda de cima) a abandonar sua estratégia cuidadosamente controlada e paulatina de mudança estrutural – e enfrentar um capitalismo chileno e internacional unido, consciente de que estava em jogo a continuação da sua existência no Chile.

No entanto, de início, as revoluções vindas de cima e de baixo pareciam mais complementares que contraditórias – armas duais de um processo revolucionário bem-sucedido que estava avançando em grande velocidade e acabando com surpreendente facilidade com a resistência do capital. A revolução vinda de baixo obrigou a utilização de atalhos revolucionários – como a ocupação – que a revolução vinda de cima, mais legalista, não poderia usar. A revolução vinda de cima podia, no entanto, legitimar essas mudanças utilizando seus poderes legais e ao mesmo tempo preservando uma plausível negação de sua responsabilidade pelas ações da revolução vinda de baixo.

Como resultado, no primeiro aniversário da presidência de Allende, ele proclamaria a um Estádio Nacional superlotado:

> "... *hemos cumplido. Hoy vengo a manifestar que... hemos ido conquistando el poder, y hemos ido realizando los cambios*

revolucionarios establecidos en el Programa de la Unidad Popular. El pueblo de Chile ha recuperado lo que le pertenece. Ha recuperado sus riquezas básicas de manos del capital extranjero. Ha derrotado los monopolios pertenecientes a la oligarquía... Hemos avanzado en el área social, base del programa económico, fundamento del poder para el pueblo. Controlamos el 90% de lo que fuera la banca privada... Más de setienta empresas monopólicas y estratégicas han sido expropiadas, intervenidas, requisadas o estatizadas. Somos dueños. Podemos decir: nuestro cobre, nuestro carbón, nuestro hierro, nuestro salitre, nuestro acero. Las bases fundamentales de la economía pesada son hoy de Chile y los chilenos. Y hemos acentuado y profundizado el proceso de la reforma agraria: 1.300 predios de gran extensión, 2 millones 400 mil hectáreas han sido expropiados."

... cumprimos. Hoje venho manifestar que... estamos conquistando o poder e realizando as mudanças revolucionárias estabelecidas no Programa da Unidade Popular. O povo do Chile recuperou o que lhe pertence. Recuperou suas riquezas básicas das mãos do capital estrangeiro. Derrotou os monopólios pertencentes à oligarquia... Avançamos na área social, base do programa econômico, base do poder para o povo. Controlamos 90% do que eram bancos privados... Mais de setenta empresas monopolistas e estratégicas foram expropriadas, sofreram intervenção, foram requisitadas ou estatizadas. Somos donos. Podemos dizer: nosso cobre, nosso carbono, nosso ferro, nosso salitre, nosso aço. As bases fundamentais da economia pesada são hoje do Chile e dos chilenos. E enfatizamos e aprofundamos o processo da reforma agrária: 1.300 prédios de grande extensão, 2 milhões e 400 mil hectares foram expropriados.]

A essas mudanças estruturais na economia Allende acrescentou o aprofundamento da democracia chilena. Em uma parte de seu discurso intitulado "*El Pueblo es Gobierno*", ele enfatizou em particular o avanço da democracia econômica por meio do início da participação dos trabalhadores na administração das empresas da Área de Propiedad Social (APS), que havia se iniciado na Yarur e se disseminara para outras empresas nacionalizadas. Isso fazia parte de um aprofundamento da democracia no nível de base, visto também no florescimento das associações de bairro, movimentos sociais e grupos políticos que a revolução vinda de cima facilitara, mas que fora criado pela revolução vinda de baixo.

Allende também enfatizou outros avanços, como a redistribuição da renda, com surpreendentes 10% da renda nacional deslocando-se do capital para o trabalho em apenas um ano. Na educação, na habitação e no atendimento médico, os aumentados gasto social e dedicação produziram outros avanços, incluindo um número recorde de moradias em início de construção para os pobres, muitas delas um reflexo de ocupações e organização de *pobladores*, mas todas resultado da política e das negociações do governo entre a revolução vinda de cima e a revolução vinda de baixo. Além disso, Allende enfatizava que tudo isso havia sido realizado enquanto se mantinha um alto índice de crescimento e um baixo índice de desemprego e inflação. Parece que os trabalhadores da Yarur – e outros protagonistas da revolução vinda de baixo – estavam corretos em pressionar seu "*compañero presidente*" a abraçar suas táticas e seu ritmo, bem como a endossar e implementar suas demandas. Para esses camponeses, *pobladores* e trabalhadores, era o momento de viver o seu sonho de revolução.

5. Vivendo a revolução

As mudanças estruturais – como a reforma agrária e a nacionalização dos bancos, minas e indústrias – definiam a revolução chilena. Juntamente com a luta entre a revolução e a contrarrevolução, elas estruturaram as vidas dos chilenos durante a curta era Allende. As greves e manifestações pontuaram o ano; reuniões e projetos ocuparam horas e dias; noites eram passadas discutindo táticas e estratégias. Mas o dia a dia dos chilenos também estava repleto de outros atos, eventos e estruturas. Alguns eram o tema das vidas diárias e dos ciclos de vida em qualquer lugar e em qualquer ocasião – nascimentos e mortes, amor e trabalho, compra e venda, escola e esportes –, embora para muitos chilenos até esses atos cotidianos e ritos de passagem fossem permeados pela revolução e, em consequência, assumissem significados maiores. Para esses chilenos – uma minoria, mas uma minoria importante –, durante esses anos, eles estavam *vivendo* a revolução.

A experiência de um chileno do processo revolucionário variava muito, dependendo de uma multiplicidade de fatores – classe, idade, sexo, política, trabalho e moradia, para citar apenas alguns. Para a juventude esquerdista, a revolução foi uma época excitante, em que as hierarquias de idade pareciam estar invertidas – ou pelo menos suspensas. Em todo o mundo, de Paris a Pequim, o final da década de 1960 e início da de 1970 foi uma época de rebelião dos jovens, em que estes estavam na vanguarda da mudança revolucionária. O mesmo acontecia na América Latina, onde a Revolução Cubana e seus líderes jovens eram os modelos a ser imitados. Se a revolução chilena estava construindo um "Novo Chile" e criando uma nova "consciência revolucionária", a juventude do país era seu principal protagonista, e seu idealismo, um de seus mais preciosos recursos. Pouco espantava que os jovens chilenos acreditassem que suas opiniões e visões fossem tão legítimas quanto as de seus pais, e *mais* revolucionárias. Na construção de um "Novo Chile", não havia razão para acreditar que seus pais soubessem mais que eles.

Os estudantes eram um exemplo apropriado. O ano letivo foi pontuado por greves, mais frequentemente com *intenção* política que ao contrário, mesmo quando tinham um *conteúdo* pedagógico. Os líderes estudantis se sentiam como se falassem não apenas em seu próprio nome e de seus colegas estudantes, mas em nome de toda uma geração revolucionária, e se expressavam com frequência e sem medo. Para os estudantes, esses foram tempos emocionantes, em que as demandas por relevância transformaram os currículos e os envolvimentos políticos extracurriculares reivindicaram a prioridade do orgulho do posicionamento político sobre os estudos em sala de aula.

A educação foi apenas uma das áreas em que a política da revolução permeou e transformou a vida cultural no Chile de Allende. Os arquitetos deslocaram seu foco: em vez de projetar casas (mansões) para os ricos, projetavam moradias para os pobres. Os desenhistas de roupas tentaram reinventar a moda e os primeiros computadores encontraram usos "socialistas", incluindo um visionário plano Cybersyn para administrar a área de propriedade social com a ajuda dos computadores.

Uma das mudanças mais visíveis na cultura foi o movimento Nova Canção, que, embora surgido na década de 1960, atingiu seu apogeu durante os anos de Allende. Com a música *"folk"* original e contemporânea, compositores como Victor Jara deram voz à experiência de *pobladores*, camponeses e trabalhadores, enquanto grupos como o Inti-Illimani introduziram instrumentos andinos e sons indígenas em uma música chilena que tentava negar sua localização andina e população indígena.

Outras partes do movimento Nova Canção eram explicitamente políticas. O Quilapayún, talvez o grupo mais emblemático da época, escrevia e apresentava músicas temáticas, mas ficou mais famoso por sua histórica "cantata" popular sobre o massacre de milhares de mineiros e de suas famílias na escola de Santa María, na cidade nortista de Iquique, em 1907. Sua moral era a necessidade de unidade e vigilância para evitar a recorrência de tais horrores na era contemporânea. A "cantata" foi transformada em teatro dançado pelo Balé Popular Nacional, que a apresentou para audiências de camponeses, trabalhadores e mineiros, como fizeram Jara, os grupos Inti-Illimani e Quilapayún, e centenas de outros músicos menos famosos. No caminho para o socialismo, os artistas se redefiniram como "trabalhadores da arte", uma vez que a arte era sua contribuição revolucionária.

Além de levar cultura às massas, a Unidade Popular levou as massas para as instituições culturais – como o elegante Teatro Municipal de Santiago, que fora reduto exclusivo da elite do país. A revolução chilena também encorajou as massas a se tornarem criadoras de cultura, em vez de apenas consumidoras. Todo Centro de Reforma Agrária tinha seu Comitê de Cultura e grupo folclórico, o mesmo acontecendo nos *campamentos* "revolucionários", como o Nova Havana. Na ex-Yarur houve também um grupo de teatro que se uniu a profissionais do ramo para criar coletivamente uma peça baseada na experiência da fábrica e no movimento de seus trabalhadores, chamada *Tela de Cebola*, que foi depois representada tanto para os trabalhadores quanto para públicos maiores. No país do Nobel de literatura, o poeta Pablo Neruda, pioneiro nas leituras públicas de poesia para grandes audiências, em toda parte havia oficinas de poesia e poetas embrionários. Havia também uma nova política cultural, liderada pela editora nacionalizada Quimantú, para publicar livros a preços acessíveis que pudessem atingir mais leitores.

O que unia essas práticas culturais distintas era seu subtexto político e seus objetivos revolucionários. Durante a era Allende, tudo parecia permeado pelo objetivo maior de avançar a revolução chilena – e tudo estava a ele subordinado.

Em maior ou menor extensão, durante a era Allende, todos no Chile viveram a revolução – alguns com entusiasmo, outros contra a vontade. As crianças tinham a garantia de meio litro de leite por dia; os adultos, a garantia de pleno emprego. Os sem-teto se beneficiaram de um número recorde de construções de moradias; os pobres e doentes, do dobro de consultas médicas gratuitas, incluindo "treinadores de saúde" especiais, compostos de médicos e enfermeiros itinerantes para atender às comunidades rurais desprovidas de serviço público de saúde. Além disso, toda escola, local de trabalho e bairro comentavam as notícias da época, e organizações de base eram formadas para representá-los.

Mas aqueles que viveram mais plenamente a revolução foram os camponeses nas cooperativas de reforma agrária, os trabalhadores nas empresas da área de propriedade social e os moradores de favelas nos *campamentos* "revolucionários". Esses eram os chilenos que estavam na linha de frente da revolução.

Para os mapuche de Nicolás Ailío, cuja maioria cresceu em grande pobreza, o governo da Unidade Popular foi um raro período de prosperidade. O Fundo Rucalán foi transformado no Asentamiento Arnoldo Ríos (assim chamado em homenagem a um mártir estudante do MIR), uma cooperativa com um número quase igual de membros mapuche e não mapuche, simbolizando a aliança de classe transétnica que deu aos dois grupos de camponeses pobres o poder de tomar o Rucalán e convencer o Estado a expropriá-lo. A CORA, corporação de reforma agrária do Estado, não só expropriou a terra como também construiu casas para os membros da cooperativa, comprou maquinário (incluindo tratores "para substituir o boi"), sementes (incluindo novas colheitas) e fertilizantes, e implementou um projeto de gado que incluía uma fábrica de laticínios e mais de duzentas cabeças de gado. Os mapuche, em geral desconfiados do Estado chileno, lembravam-se dessa época como um período em que "*el gobierno… dió amplio apoyo*". Os assentados projetavam seu plano de produção em conjunto com especialistas do governo. Analistas da reforma agrária concluíram que era necessário tanto ajuda financeira quanto técnica para uma reforma agrária bem-sucedida. A intenção do governo Allende era proporcionar ambas, e até seus recursos serem esmagados pelo escopo e a rapidez da reforma agrária como resultado da revolução rural vinda de baixo, ele com frequência foi bem-sucedido, como demonstrado no Asentamiento Arnoldo Ríos.

Os assentados trabalhavam a terra juntos, dividindo as produções após realizar os pagamentos de sua dívida com a CORA. Além disso, cada um dos 36 assentados recebia dois hectares para uma horta familiar, embora muitos estivessem trabalhando tanto nas terras comunais que contratavam parentes ou índios mapuche das comunidades próximas para cultivar essas hortas para eles, com direito à metade da colheita, um arranjo que refletia as tradições dos mapuche. O resultado, lembrou Heriberto Ailío, foi que *"trabajábamos fuerte"* [trabalhamos duro], mas *"tuvimos uma tremenda mejoría"* [tivemos uma grande melhoria]. Sua colheita era suficiente para proporcionar a cada membro um lucro líquido de seiscentos quilos de grãos, que usavam para alimentar suas famílias ou vendiam para comprar outros produtos de que precisavam. Além disso, formaram uma cooperativa que comprava e distribuía os alimentos que eles próprios não podiam cultivar. O resultado foi que, durante a era Allende, suas famílias "nunca ficaram sem pão", enquanto antes haviam sido parte da "geração de pés descalços".

Não foi apenas uma realização material, mas também uma realização moral. Para os mapuche, que haviam sido denegridos pelos chilenos por seu suposto retardamento e preguiça, o sucesso de cooperativas como a Arnoldo Ríos foi motivo de orgulho. *"Nosotros eramos capaces de abastecer la cooperativa y hacerla agrandarse"* [Éramos capazes de abastecer a cooperativa e fazê-la crescer], enfatizou Heriberto. *"Fuimos capaces en esos tiempos de hacerlo en esa forma, nadie quedó debiendo un peso, todos salieron bien. Salieron bien organizadas las cosas en esos tiempos."* [Nessa época fomos capazes de fazê-lo dessa forma; ninguém ficou devendo um peso, todos saíram bem. Nessa época, as coisas eram bem organizadas.] Mario Castro, um membro da juventude do MIR que morava e trabalhava no assentamento, concordou. Ele ficou impressionado com o grau de comprometimento e solidariedade que testemunhou, lembrando seu árduo trabalho diário e campanhas especiais, como "a luta pela batata", trabalho que pouco a pouco transformou a cooperativa e as vidas de seus membros mapuche e não mapuche.

Isso não significava que não houvesse problemas. Nem todos trabalhavam tão arduamente quanto Heriberto e seu irmão Robustiano, que criticavam a falta de disciplina e aqueles que "*se aprovechó del libertinaje*" [se aproveitavam da libertinagem] e resistiam a trabalhar duro porque "*se habian terminado los patrones*" [não havia mais patrões].

Outra tensão existente era entre a ideologia marxista do MIR e o comando e a religiosidade dos mapuche entre os assentados, cujas famílias incluíam um xamã *machi* e vários que haviam se convertido ao protestantismo, incluindo o próprio Heriberto Ailío. A religião parecia seguir clandestina durante a era revolucionária, assim como outros aspectos da cultura mapuche, substituídos por uma ideologia revolucionária e uma consciência de classe que transcendia os limites étnicos e religiosos. Para alguns, esse era um sinal de progresso político; para outros, uma traição de sua identidade étnica ou religiosa.

Em geral, no entanto, os mapuche de Nicolás Ailío recordavam a revolução chilena como um período muito breve de prosperidade e justiça social em que eles foram em parte capazes de realizar seus sonhos e satisfazer suas demandas após décadas de luta contra um sistema social e político que se colocava contra eles. Para líderes politizados, como Heriberto Ailío, que também participou do conselho de camponeses local e do MIR regional, esses ganhos foram especialmente satisfatórios, e o processo revolucionário, particularmente gratificante.

Infelizmente, nem todas as cooperativas de reforma agrária dos mapuche (nem todas tinham líderes camponeses tão comprometidos quanto Heriberto Ailío) foram tão bem-sucedidas como o Asentamiento Arnoldo Ríos. Mais típica talvez tenha sido a Elicura, outro assentamento na região de Cautín, composta predominantemente de membros mapuche. Em Elicura, muitos camponeses encaravam o adiantamento mensal que recebiam da CORA em troca da sua parcela na colheita como um "salário", e como este não estava diretamente vinculado às suas horas de produtividade (todos recebiam o mesmo pagamento, independentemente das horas trabalhadas ou da qualidade do trabalho realizado nas terras da cooperativa; ninguém era penalizado por não trabalhar), eles despendiam a maior parte do seu tempo e esforço em suas pequenas hortas privadas, não nas terras da cooperativa. Como resultado, ganhavam quase tanto dinheiro com a venda dos produtos que plantavam em suas pequenas hortas quanto com seu "salário" mensal – mas a produção e os lucros da cooperativa sofriam. Produzir mais alimentos para a revolução e para seus protagonistas da classe trabalhadora urbana era uma forte motivação para alguns camponeses, mas, para muitos (talvez a maioria), os incentivos materiais para ganhar a renda máxima para suas famílias eram mais poderosos.

Muitas das terras expropriadas de Cautín foram transformadas em Centros de Reforma Agrária (CERAs), uma nova forma de cooperativa projetada pelo governo da Unidade Popular para ser mais igualitária e "socialista" que o assentamento democrático-cristão. Depois de um período de transição de três a cinco anos prescrito pela lei da reforma agrária, os membros dos CERAs recebiam a terra como uma cooperativa, não como proprietários individuais de pequenas fazendas, como era a intenção do projeto original da reforma agrária democrática cristã. Teoricamente, os CERAs eram também mais igualitários que os assentamentos, com as mulheres e os jovens participando igualmente como membros – e com os trabalhadores temporários de fora da propriedade também incorporados a esses centros. Na prática, no entanto, os papéis de gênero e o *status* geracional mostraram-se resistentes à mudança no Chile, e a maioria dos CERAs – como os assentamentos – era administrada pelos homens chefes de família (que também resistiam a incorporar os *afuerinos*, trabalhadores rurais de fora das propriedades, exceto como mão de obra temporária contratada). Além disso, duas das propriedades (*fundos*) mais modernas e mais providas de recursos técnicos da costa de Cautín foram transformadas em Centros de Produção (CEPROs) administrados pelo governo, que investiu pesadamente em sua infraestrutura e necessidades de produção, pagando salários aos trabalhadores em vez de uma parcela da produção.

Juntos, esses assentamentos, os CERAs e os CEPROs constituíram uma coalizão política liderada pelo MIR e dominada pelos mapuche, coalizão essa que controlava a zona e trabalhava para radicalizar a revolução rural em Cautín, bem como elevar a consciência dos camponeses da região e se preparar para se defenderem contra reocupações contrarrevolucionárias. Um instrumento político fundamental foram os recém-formados Conselhos de Camponeses do município (conselhos locais), estabelecidos por decreto presidencial em dezembro de 1970 e que começaram a ser formados em Cautín juntamente com a expropriação maciça dos *fundos,* em janeiro de 1971.

O governo Allende vislumbrado pelos Conselhos de Camponeses, nos quais os diferentes grupos de trabalhadores rurais (trabalhadores assalariados, *asentados*, *afuerinos*, *minifundistas* e organizações como os sindicatos rurais) seriam representados, proporcionaria uma voz aos trabalhadores rurais, mas estes pareciam ter uma noção muito vaga do que os Conselhos de Camponeses realmente *faziam*, exceto mobilizar os camponeses para propósitos políticos. Para o MIR, porém, os Conselhos de Camponeses (ao contrário dos sindicatos de camponeses) ofereciam um corpo democrático não burocrático que não estava totalmente sob o controle da Unidade Popular, através do qual o MIR podia pressionar o governo e radicalizar a revolução rural. Os Conselhos de Camponeses permaneceriam como o instrumento político preferido do MIR no campo, e a minoria mais eficaz tinha esse caráter de pressão de grupo. Na verdade, os Conselhos de Camponeses tornaram-se uma maneira de organizar a revolução rural vinda de baixo em regiões como Cautín, onde o MIR tinha um forte apoio.

Aparte a etnia e a cultura, a experiência da revolução chilena que os mapuche tiveram nas áreas rurais era de muitas maneiras similar à dos camponeses chilenos em geral. Muitos deles – mas não a maioria – foram beneficiários diretos da reforma agrária de Allende, que em dezoito meses expropriou o dobro de terras que o governo de Frei expropriou em seis anos. Em meados de 1972, com raras exceções, as maiores propriedades rurais haviam sido expropriadas e transformadas em empresas. Embora nem todos os assentamentos e CERAs que a reforma criou fossem tão bem administrados quanto o Arnoldo Ríos, ou recebessem o mesmo nível de assistência financeira e técnica. Só raramente se encontrava um assentamento de reforma agrária em que os camponeses associados e suas famílias não desfrutavam padrões de vida e condições de trabalho melhores do que tinham antes. Em grande parte, isso se devia ao fato de os camponeses – não o dono da terra – agora receberem a maior parte da produção. Em uma época em que a demanda por produtos agrícolas excedia seu suprimento, essa era uma fórmula para a prosperidade rural, em parte porque a maior parte estava sendo consumida pelas famílias de camponeses que os produziam. Mas essas famílias estavam também vivendo melhor porque, pela primeira vez na vida, podiam vender seu excesso de produção e comprar aquilo que não produziam.

Lençóis eram um caso exemplar. A fábrica têxtil Yarur, localizada em Santiago, produzia a maioria dos lençóis fabricados no Chile e tinha orgulho da sua produção aumentada sob o controle dos trabalhadores. Entretanto, em meados de 1972, não se conseguia encontrar lençóis nos mercados e lojas da capital do país. Segundo o gerente de vendas da ex-Yarur, Francisco Navarro, a explicação para esse paradoxo era que, pela primeira vez na história da fábrica, eles estavam tendo grandes pedidos de lençóis das áreas rurais. Os trabalhadores da indústria têxtil, reunindo-se em sua Assembleia Geral – o mais elevado corpo de tomada de decisões em um sistema altamente democrático de coadministração com os trabalhadores –, votaram a favor de um sistema de "distribuição socialista", em que aqueles que tiveram menos acesso a um produto no passado teriam prioridade agora. "Você quer saber por que não há lençóis para vender em Santiago?", perguntou Navarro retoricamente.

"Porque pela primeira vez na vida os camponeses do Chile estão dormindo sobre lençóis. *Isso* é uma revolução!"

Mas até mesmo os trabalhadores rurais que não eram beneficiários *diretos* da reforma agrária de Allende se beneficiaram da revolução chilena. No fim, apesar do escopo radical da reforma agrária chilena, apenas cerca de 12% da força de trabalho agrícola era composta de membros das cooperativas ou dos centros de produção administrados pelo Estado. Os assentamentos da reforma agrária contratavam trabalhadores sazonais, como haviam feito os fundos de propriedade privada que eles substituíram, mas em geral lhes pagavam mais e os tratavam melhor. Em parte isso era reflexo do aumento do salário mínimo, e em parte resultado da mentalidade diferente dos membros da cooperativa, eles próprios camponeses que trabalhavam a terra.

Mas as rendas e o tratamento melhorados dos trabalhadores rurais sem-terra também refletiam seu alto nível de organização na via chilena. Durante o governo da Unidade Popular, o número de trabalhadores rurais sindicalizados duplicou, atingindo mais de 250 mil dos estimados 300 mil. Muitos dos trabalhadores rurais sindicalizados trabalhavam em fazendas que ainda estavam por ser expropriadas, como as fazendas de porte médio ou as reservas dos donos de terras. Dentro do contexto de uma revolução vinda de cima, que podia expropriar a terra se nela houvesse um problema social, e de uma revolução vinda de baixo, que podia facilmente criar um problema social, esses sindicatos estavam em uma posição forte para negociar salários e condições de trabalho melhores para seus membros, que antes estavam à mercê de seus patrões. Durante o primeiro ano da presidência de Allende, o salário rural médio aumentou 75%! Embora os trabalhadores rurais sem-terra pudessem não se beneficiar tanto da reforma agrária quanto os camponeses que se tornaram membros das cooperativas de reforma agrária, eles também viviam e trabalhavam melhor que antes da revolução, e muitos mantinham a esperança – alimentada pelos partidos e movimentos de esquerda – de que poderiam receber terras como parte de uma reforma agrária aprofundada. Em meados de 1972, por exemplo, quase metade das fazendas que haviam sido expropriadas tinha um tamanho inferior aos oitenta hectares básicos, e foram expropriadas invocando-se algum outro requisito legal, como exploração inadequada ou problemas sociais.

Outros aspectos da revolução eram difíceis de quantificar, mas não eram menos importantes. Para os homens camponeses, que haviam passado suas vidas de gorro na mão acatando as ordens do patrão, a reforma agrária era um evento transformador, que nivelava as hierarquias sociais, lhes concedia poder em seu local de trabalho e lhes conferia uma nova dignidade, que era reconhecida até mesmo fora de sua cooperativa. Quer fossem associados do seu próprio assentamento, membros do comitê ou eleitores da Assembleia Geral em seus CERAs, os camponeses exerciam um poder novo e inebriante, que iria moldar suas vidas. Além disso, os líderes camponeses agora frequentavam reuniões do sindicato, do conselho ou reuniões políticas fora de suas cooperativas, onde eram vistos como "revolucionários" e ouvidos com um novo respeito. Para os homens camponeses, a revolução chilena trouxera um aumento extraordinário no *status*, no poder e na autoestima – bem mais do que para suas esposas.

Uma característica que quase todas as cooperativas de reforma agrária chilenas compartilhavam era a desigualdade de gênero. Isso era claro em Cautín, onde a maioria das mulheres mapuche – embora constituíssem vozes fortes em suas comunidades e fossem fortes defensoras dos atos revolucionários – parecia aceitar os papéis de gênero que as confinava a administradoras da economia doméstica. Mas era claro também no Vale do Aconcágua, centenas de quilômetros ao norte, onde poucos camponeses declaravam sua identidade indígena. Em Aconcágua, muitos dos assentamentos datavam da reforma agrária realizada no governo de Eduardo Frei, e os democratas-cristãos continuavam fortes na região. O mesmo acontecia nos Centros de Mães, a principal organização de mulheres na época de Frei, e como o próprio nome sugeria, sua ideologia tradicional era a de "mutualismo de gênero", em que homens e mulheres cooperariam harmoniosamente, cada um na própria esfera. Os Centros de Mães de Aconcágua reforçavam os papéis de gênero tradicionais, que confinavam as mulheres ao lar e à horta, e limitavam seu papel revolucionário a meras apoiadoras de seus homens em suas lutas por terra e salários – embora também conferissem um *status* elevado aos papéis domésticos das mulheres.

Os partidos da Unidade Popular, quando estavam na oposição, criticaram os Centros de Mães de Frei, acusando-os de paternalistas, mas uma vez no governo, decidiram usar a organização de mulheres mais disseminada no Chile (cujo número de membros duplicou durante o governo Allende) – que era chefiada pela esposa do presidente – para propósitos mais socialistas, como distribuição de leite, educação sanitária e alfabetização de adultos, vista também como porta de entrada para uma consciência e atividade política elevadas. As mulheres rurais em Aconcágua assumiam a liderança durante os conselhos e campanhas habitacionais, mas seus homens se opunham a que desempenhassem um papel igual ao deles nas cooperativas concebidas pela Unidade Popular, e os novos rendimentos obtidos pelos homens camponeses tiveram o efeito perverso de permitir-lhes insistir que suas esposas não trabalhassem fora de casa, temendo uma infidelidade sexual, ato que muitos homens consideravam prerrogativa sua. O resultante aumento nas tensões entre homens e mulheres do campo levou ao aumento dos casos de abusos conjugais, o que ia contra as imagens revolucionárias de um "Novo Chile".

Por todo o país, a reforma agrária beneficiou tanto os homens quanto as mulheres da zona rural, mas elevou mais aqueles do que estas. Apesar da persistência dos antigos padrões culturais e do reforço das desigualdades de gênero, do Aconcágua, no norte, até Cautín, no sul, a revolução chilena trouxe mudanças revolucionárias à sociedade rural, mudanças que não só transformaram as estruturas, mas também alteraram a vida das pessoas.

A dimensão, a história e o sucesso das comunidades de reforma agrária variaram muito no Chile de Allende, mas o que quase todas tinham em comum era que os camponeses e outros trabalhadores rurais envolvidos estavam ganhando mais, vivendo melhor e trabalhando sob melhores condições do que antes. Eles não estavam apenas vivendo uma revolução na posse e no uso da terra, mas uma revolução que mudou para melhor suas vidas e a vida de suas famílias.

A Unidade Popular esperava conquistar o apoio crescente para sua revolução dos trabalhadores rurais do Chile, dando-lhes salários mais altos, acesso à terra e melhores condições de trabalho e de vida. Entretanto, a base de massa mais importante de Allende continuava sendo a classe trabalhadora industrial, que na teoria e na prática marxistas eram os principais protagonistas do caminho chileno para o socialismo.

Viver nas áreas da classe trabalhadora nas cidades chilenas durante a era Allende era viver no centro do furacão revolucionário, sobretudo se o indivíduo trabalhasse em uma fábrica socializada ou vivesse em uma *población* politizada. Lá a revolução parecia estar sempre à sua volta, nos cartazes das paredes, nas manifestações de rua, e menos visivelmente, mas de forma também vital, no esforço extra na linha de montagem ou nas atividades das assembleias, bem como nas reuniões nos locais de trabalho e de moradia, e nos escritórios dos partidos políticos e dos movimentos sociais.

A fábrica ex-Yarur, a primeira a ser tomada pelos trabalhadores e nacionalizada pelo governo Allende, permanecia na vanguarda da revolução. Tornou-se a primeira fábrica a implementar um sistema de coadministração com os trabalhadores, e também a primeira a transformar sua oficina de manutenção em uma fábrica de peças de reposição em resposta ao embargo não declarado dos Estados Unidos. Os trabalhadores da ex-Yarur mantiveram a promessa que fizeram a Allende de trabalhar duro para colocar a fábrica "a serviço do povo do Chile". No processo, continuaram sendo os principais protagonistas da revolução chilena – quer no recinto da fábrica, nas reuniões de coadministração ou nas ruas de Santiago.

Mesmo antes de entrar na ex-Yarur, ficava claro que se tratava de uma fábrica revolucionária. Sobre sua entrada, impressa num tecido feito na fábrica, uma grande faixa orgulhosamente proclamava: Ex-Yarur: território livre de exploração. Dentro, outros sinais exortavam os trabalhadores a vencer a "Batalha pela Produção", ou a se inscrever para um dia de trabalho voluntário. Havia menos poeira de algodão no ar, como resultado dos novos ventiladores construídos pelo departamento de manutenção por solicitação dos novos gerentes trabalhadores, mas as partículas brancas ainda faziam parecer que estava nevando na seção de fiação, enquanto o ruído dos teares automáticos na seção de tecelagem ainda dificultava ouvir ou falar. O trabalho ainda era o mesmo: o esforço persistente de supervisionar muitas máquinas para satisfazer as normas de produção, que foram reduzidas em 10% desde que os trabalhadores assumiram a fábrica, mas que ainda requeriam um esforço contínuo e uma vigilância constante durante o turno de oito horas de um trabalhador e a semana de trabalho de 48 horas. Para olhos não habituados, podia parecer que pouca coisa havia mudado ou que a faixa sobre a porta da fábrica era apenas retórica revolucionária.

Mas muita coisa *realmente* mudara para seus trabalhadores desde que a maior fábrica têxtil de algodão do Chile se tornara a *ex*-Yarur. A mudança menos visível, mas mais importante, estava na administração da empresa, desde o corpo de fábrica até a sala da diretoria. A participação dos trabalhadores na administração das empresas do setor público havia sido um programa dos democratas-cristãos que o MAPU levou consigo para a Unidade Popular. Os socialistas, herdeiros da tradição trotskysta dos conselhos dos trabalhadores, assumiram a ideia e a impuseram, apesar das objeções dos comunistas, que se opunham à criação de representantes dos trabalhadores fora das estruturas sindicais que eles, em grande parte, controlavam. O governo Allende assinou um acordo com a CUT, a Confederação Nacional dos Trabalhadores, garantindo a participação dos trabalhadores nas empresas da Área de Propriedade Social. O acordo estabelecia os princípios e as estruturas básicas, mas deixava os detalhes de como implementá-lo às empresas recém-socializadas.

Na ex-Yarur, a primeira empresa a implementar o acordo, um movimento operário de base ampla adaptou-o à sua própria visão revolucionária, tornando-o mais democrático, participativo e poderoso. Começou pelas seções de trabalho, que elegeram um Comitê de Produção com o qual os supervisores tinham de negociar e se reunir em assembleias de trabalhadores, a autoridade final no corpo de fábrica. Os trabalhadores agora podiam discordar das decisões e ordens de seu supervisor, fazer sugestões próprias, que teriam de ser ouvidas, e, se a questão não fosse resolvida, podiam levá-la ao seu Comitê de Produção ou à reunião do setor.

Cada setor de trabalho também escolhia um membro de seu Comitê de Produção para representar o setor no Comitê de Coordenação de toda a empresa, que se tornou muito mais importante na ex-Yarur do que era no acordo original entre a CUT e o governo. Sua reunião semanal também era assistida pelas autoridades sindicais e pelos Conselheiros dos Trabalhadores, transformando o Comitê de Coordenação no corpo mais representativo do novo sistema de coadministração, e suas reuniões, em um virtual comitê executivo dos trabalhadores, o fórum em que diferentes conjuntos de representantes dos trabalhadores se reuniam e discutiam problemas e políticas. Suas discussões eram com frequência inflamadas, mas sua autenticidade era evidente, e seus interesses e conclusões eram levados ao corpo administrativo mais alto, o Conselho Administrativo, pelos Conselheiros dos Trabalhadores, que faziam parte de ambos (e considerados também pelos líderes sindicais, que deveriam supervisionar o sistema de coadministração).

O objetivo do Conselho Administrativo era ser um conselho de diretores socialista. Teoricamente, era composto de um número igual de conselheiros indicados pelo governo e eleitos pelos trabalhadores numa eleição secreta com a participação de toda a empresa, e presidido por um interventor indicado pelo governo, um administrador geral que era auxiliado pelos interventores responsáveis pelas questões trabalhistas e financeiras. Suas reuniões na Sala do Conselho, revestida de painéis de madeira e localizada no alto da escada de mármore do prédio da administração, era um estudo de contrastes revolucionários. Os Conselheiros dos Trabalhadores entravam na sala com seus macacões azuis e com poeira branca de algodão nos cabelos. Quando os conselheiros do governo eram especialistas de fora ou líderes políticos com outras responsabilidades, eles com frequência não assistiam às reuniões, criando uma maioria de trabalhadores *de facto* que transformava a coadministração no controle do trabalhador, embora as posições raramente ultrapassassem esses limites. Os interventores do governo ficaram impressionados diante da rapidez com que os Conselheiros dos Trabalhadores captaram as questões e com a sensatez com que colaboravam para encontrar soluções e planejar políticas.

Além disso, todos os trabalhadores da empresa se reuniam mensalmente em uma Assembleia Geral que se recusava a ser uma entidade apenas decorativa. Era ali que eram discutidas e tinham de ser defendidas as principais decisões sobre tudo, desde a produção e a distribuição até a política trabalhista. Na verdade, era uma reunião de acionistas socialistas. Em uma dessas reuniões, os trabalhadores se recusaram a aprovar o relatório financeiro anual até que o contador responsável por ele o reescrevesse em uma linguagem que eles conseguissem entender. Em outra, insistiram em políticas de produção e distribuição que favorecessem as "massas" em vez das "classes".

Inevitavelmente, alguns membros do comitê e do conselho eram mais eficientes que outros, e havia também diferenças na qualidade e no sucesso da participação do trabalhador entre os setores de trabalho. Além disso, esses papéis eram novos para todos na ex-Yarur, e requeriam um processo de aprendizagem repleto de equívocos. Entretanto, os trabalhadores aprendiam depressa, e, em meados de 1972, o novo sistema de coadministração estava funcionando bem. Na época, as eleições anuais haviam substituído os representantes que tinham se revelado inadequados para seus novos papéis por outros que haviam demonstrado ter as qualidades necessárias. É importante notar que tanto os administradores do governo quanto os especialistas de fora consideravam a coadministração da ex-Yarur um sucesso.

Os trabalhadores da fábrica de algodão também podiam reclamar outros sucessos. Apesar das terríveis previsões e problemas com as peças de reposição e os insumos importados provocados pelo embargo norte-americano, a ex-Yarur *aumentou* sua produção de fio e roupas, um sucesso pelo qual interventores, trabalhadores e técnicos da empresa compartilharam o crédito. Também refletiu uma decisão política por parte dos trabalhadores a concentração da produção da fábrica exclusivamente em "tecidos populares" para o consumo de massa, como o brim. Até mesmo quando a capacidade produtiva da fábrica foi insuficiente para satisfazer a demanda emergente em um Chile onde a média dos salários reais aumentara 30% em um ano, os trabalhadores da ex-Yarur tomaram outra decisão política: dar prioridade à distribuição aos setores da população que não tinham antes recursos para comprar os produtos da Yarur. Para combater o embargo dos Estados Unidos, eles também transformaram seu departamento de manutenção em uma fábrica de peças de reposição, que, em 1973, produzia três quartos das peças de reposição que eram anteriormente importadas, servindo de modelo para outras fábricas. Com justiça, na parede do Departamento de Manutenção uma faixa proclamava orgulhosamente: "*Maestranza ex-Yarur ahora dolares al pais*" [Fábrica ex-Yarur agora dólares para o país].

Os trabalhadores da ex-Yarur também se beneficiaram de sua revolução. Durante os dois primeiros anos do governo Allende, desfrutaram um ganho médio em salários reais de mais de 50%, e de um aumento comparável em benefícios, assim como de uma nova regalia, que fora o objetivo da mais longa e traumática greve na história da Yarur em 1962: uma anuidade de aposentadoria de um mês para cada ano trabalhado no moinho. Os trabalhadores da fábrica também se beneficiaram dos gastos aumentados da empresa coadministrada em habitação, assistência médica e recreação; beneficiaram-se também da duplicação do seu intervalo de almoço para uma hora inteira, e do estabelecimento de uma creche-modelo e de um jardim de infância para seus filhos. Eles também ganharam com as novas políticas de promoção da ex-Yarur, que estabeleceram um sistema de competições abertas por postos vagos, aos quais os trabalhadores eram encorajados a se candidatar. Além disso, o sucesso e a fama da fábrica de algodão levaram seus líderes a ser procurados para ocupar posições fora da empresa. Um deles se tornou candidato ao Congresso; outro, especialista em coadministração dos trabalhadores para a CORFO; e um terceiro, interventor em outra fábrica.

Até que ponto *foi* revolucionária a revolução chilena em uma fábrica de vanguarda como a ex-Yarur? Segundo os padrões da Revolução Francesa – a famosa trindade de objetivos: liberdade, igualdade e fraternidade –, ela foi *muito* revolucionária. A "liberdade" de expressar as opiniões sem medo teve um significado especial para os trabalhadores da ex-Yarur, uma empresa que sob o comando de seus proprietários privados era famosa por sua atmosfera repressiva, que deixava os trabalhadores temerosos de expressar suas opiniões. Na ex-Yarur, os trabalhadores falavam em voz alta e publicamente sobre a política da empresa e a política nacional. Os partidos políticos competiam para recrutar trabalhadores para suas fileiras e contestavam as eleições sindicais com suas chapas rivais. O medo havia desaparecido e sido substituído por uma liberdade que em 1972 se tornou parte da estrutura da vida na ex-Yarur.

A igualdade foi outro objetivo revolucionário que a revolução chilena, como a Revolução Francesa, adotou como um de seus padrões, vista nos cartazes que proclamavam a promessa de Allende de que no "Novo Chile" somente as crianças serão privilegiadas – todos os demais serão iguais. Na ex-Yarur, o objetivo de nivelação da revolução chilena era claro no novo sistema de coadministração dos trabalhadores, nas relações de trabalho e nas relações sociais. A democracia no local de trabalho trouxe igualdade ao corpo de fábrica, enquanto o *status* de distinção entre *obreros* e *empleados*, introduzido em 1925 para dividir a classe trabalhadora em trabalhadores braçais e trabalhadores de escritório, foi enfraquecida na ex-Yarur pela fusão de seus sindicatos, refeitórios e instalações esportivas.

"Fraternidade", o conceito mais vago da trindade revolucionária francesa, era um conceito parecido com o *"compañerismo"* chileno. Na esfera pública da revolução chilena, um companheiro era alguém que compartilhava um mesmo projeto político. Além disso, na ex-Yarur, o termo assumiu outros significados. Antes da revolução, a ausência de liberdade e igualdade na fábrica a havia tornado um lugar onde os trabalhadores faziam seu turno e saíam tão logo fosse possível para retornar aos seus lares. A ex-Yarur, porém, tornou-se uma comunidade onde os trabalhadores permaneciam após terminados seus turnos para conversar com os amigos, participar de grupos culturais ou esportivos, ou para fazer cursos especiais oferecidos para o autoaprimoramento ou para a obtenção de credenciais para uma futura promoção. A fábrica se tornou uma comunidade à qual, em ocasiões como 28 de abril, aniversário do "Dia da Libertação" – dia em que os trabalhadores assumiram a empresa –, os trabalhadores levavam suas famílias para comemorar com eles. Agora compartilhavam o projeto revolucionário da empresa e o novo respeito e *status* que um trabalhador da ex-Yarur desfrutava no Chile revolucionário fora dos portões da fábrica.

A projeção da ex-Yarur além de seus muros foi outra maneira pela qual seus trabalhadores viveram a revolução chilena. Nas frequentes manifestações da época, os trabalhadores da fábrica, marchando pelas principais ruas de Santiago atrás de uma grande faixa de tecido confeccionado na fábrica que dizia *"Ex-Yarur: firme com su gobierno"* [Ex-Yarur: firme com seu governo], tornou-se uma visão familiar. "Se as coisas vão mal, somos os primeiros a sair às ruas", jactou-se um líder sindical da ex-Yarur, "para que se possa ver que aqui há mais consciência". A transformação da consciência – *"hacer conciencia"* era um *slogan* revolucionário da época – era outra dimensão que demonstrava as mudanças revolucionárias experimentadas pelos trabalhadores da fábrica.

Na ex-Yarur, essa "consciência elevada" se expressava de muitas maneiras, como em trabalho voluntário e esforço extra no corpo de fábrica pelos trabalhadores que se sentiam diferentes do que tinham sido até então em relação ao seu trabalho, porque agora estavam "trabalhando para o Chile". Isso também se refletia na política da empresa, onde os partidos que apoiavam a revolução chilena – liderados pelos comunistas e socialistas – consistentemente ganhavam três quartos dos votos nas eleições sindicais e em outras eleições no caminho democrático para o socialismo. Por todas essas razões, os líderes "revolucionários" da Unidade Popular louvavam os trabalhadores da ex-Yarur por estarem na vanguarda da revolução. Eles haviam se tornado protagonistas fundamentais e simbólicos da revolução chilena.

Viver a revolução na ex-Yarur foi uma experiência intensa para seus trabalhadores. Além disso, a maior parte deles podia escapar da panela de pressão da revolução quando saíam da fábrica e iam para suas casas. Esse não era o caso, no entanto, dos *pobladores* de *campamentos* revolucionários como a mirista Nova Havana. Ali a revolução nunca dormia. A maioria dos seus nove mil *pobladores* estava desempregada ou trabalhava na própria *población* ou próximo dela, ou então eram donas de casa ou crianças. Dentro de suas ruas e quadras bem organizadas, era difícil *não* viver a revolução. Cada um de seus 24 blocos quadrados tinha reuniões semanais às quais os moradores tinham de comparecer, onde o trabalho daquela semana era planejado e dividido – distribuição de cestas de ração, limpeza das latrinas comunais e dos prédios públicos.

Na reunião semanal, as decisões do Diretório do *campamento* eram comunicadas aos moradores de cada bloco. No fundo, o Diretório era uma legislatura interna composta pelos 24 chefes eleitos em cada um dos blocos quadrados, mais a *Jefatura*, composta de sete pessoas, que era o Poder Executivo do *campamento*, presidida por um *Jefe del Campamento* eleito – Alejandro Villalobos, mais conhecido por seu apelido, "El Mickey", uma das figuras mais amadas e odiadas da revolução chilena, que simbolizou para o MIR uma revolução que emergia de baixo, e para a direita e para a mídia que ela controlava, a face ameaçadora dessa revolução.

Era o Diretório que designava as políticas para Nova Havana que regulavam a vida de seus moradores e dava vida às suas "frentes", bem como a estrutura do comitê revolucionário que implementava essas políticas e envolvia seus moradores na administração do *campamento*. A Frente da Saúde dirigia a clínica com uma "ambulância" doada por um pesquisador francês, voluntários da área médica e um acordo com um hospital local, mas também com *pobladores* treinados em primeiros socorros e em atendimento paramédico, como dar injeções e tirar sangue. A Frente da Cultura promovia grupos de teatro e dança dentro do *campamento* e organizava as apresentações de artistas visitantes, mas também dirigia programas de alfabetização de adultos à noite nos ônibus escolares onde seus filhos estudavam durante o dia, assim como creches e programas para os jovens. A Frente de Trabalho encontrava empregos para os desempregados na construção de casas e prédios públicos em Nova Havana, incluindo um refeitório e uma lavanderia comunitários. Também liderava um plano-piloto de "construção direta" pelos *pobladores* de suas próprias casas, em colaboração com especialistas da Universidade do Chile e da Corporación de la Vivienda (CORVI), agência habitacional do governo – é importante notar que trezentos dos quinhentos trabalhadores que Nova Havana contratou para esse projeto estavam antes desempregados. Entre as frentes mais ativas – e controvertidas – estava a Frente de Vigilância, menos preocupada com a segurança externa do que com a ordem pública e o controle social internos, implementando as normas e punições que o Diretório estabelecia para os residentes do *campamento*, incluindo a proibição de consumo de álcool, prostituição e abuso conjugal.

O objetivo dessas ações drásticas e regulações draconianas era tornar Nova Havana e seus residentes um exemplo e modelo para outros. Aqui, dizia o MIR, apesar da pobreza e da marginalidade, estavam sendo criados Novos Homens e Mulheres que iriam transformar o Chile após transformarem a si próprios.

Como resultado, a punição para crimes pequenos, como o furto, era se educar politicamente, realizar tarefas, como serviço comunitário, ou ler o *Manifesto comunista* ou *O que deve ser feito?*

"*El alcoholismo, causante de crímenes de todo tipo, los juegos de azar… la prostitución, etc., constituyen una constante amenaza para la clase obrera*", enfatizava o líder *poblador* do MIR, Victor Toro. "*En los grupos marginados de la educación y la cultura, explotados por los capitalistas, sumidos en la miseria y la desesperación del hambre, es fácil entender la existencia de estos problemas. Sin embargo, no por ellos podemos justificarlos y permanecer pasivos a ellos. Estamos luchando por formar una sociedad socialista para hombres también socialistas, es decir para hombres nuevos en el sentido total de la palabra.*"

["O alcoolismo, causa de crimes de todo tipo, os jogos de azar ... a prostituição etc., constituem uma ameaça constante para a classe operária", enfatizava o líder poblador do MIR, Victor Toro. "Nos grupos marginalizados da educação e da cultura, explorados pelos capitalistas, afundados na miséria e no desespero da fome, é fácil entender a existência destes problemas. Entretanto, não podemos justificá-los e permanecer passivos diante deles. Estamos lutando para formar uma sociedade socialista para homens também socialistas, ou seja, para homens novos no sentido total da palavra."]

Foi esse objetivo de transformar os chilenos – camponeses, trabalhadores e *pobladores* – em revolucionários, e ao mesmo tempo ser pioneiro no difícil caminho democrático para o socialismo, que tornou o viver a revolução tão emocionante – e exaustivo. O que antes era pessoal tornou-se político, e os atos do dia a dia eram carregados de significados mais profundos. Não foi a ameaça da repressão do Estado, mas a pressão dos pares que impeliu os chilenos para onde eles jamais haviam ido antes – ou os alienou de seu projeto político revolucionário. Não foi fácil "viver a revolução", e nas fazendas, fábricas e *poblaciones* que estavam na linha de frente da revolução chilena, não era fácil *não* viver a revolução.

Isso ficou óbvio para os *pobladores* apolíticos ou democratas-cristãos que se juntaram às ocupações que criaram Nova Havana porque precisavam de um lugar para morar, apenas para descobrir que eram parte de um projeto político mais amplo de cuja ideologia e objetivos não compartilhavam totalmente. Ficou evidente também para os mapuche em Nicolás Ailío, cuja identidade era definida por sua religião indígena, que eles viam ser colocada de lado e menosprezada pelos líderes da ocupação e por seus conselheiros do MIR, que enfatizavam em vez da sua identidade e religião indígena sua identidade de classe como camponeses pobres e sua ideologia marxista. E ficou dolorosamente claro para as mulheres nos assentamentos da reforma agrária em Aconcágua, cujos homens assumiam sua nova prosperidade e *status* como uma oportunidade de se envolver em ligações extraconjugais enquanto mantinham suas mulheres em casa e as espancavam caso se queixassem, o que conduziu a um aumento pronunciado de conflitos conjugais no caminho rural para o socialismo.

Mas as dificuldades de estar na linha de frente da revolução sem compartilhar sua visão, ideologia, valores e objetivos eram particularmente ressaltadas em uma indústria nacionalizada como a ex-Yarur, onde os supervisores se sentiam solapados pela coadministração dos trabalhadores, e os funcionários de escritório, ameaçados pelo impulso de nivelação da revolução e a emergência do poder do *obrero*. Em resposta, os dois grupos se aferraram à sua identidade de classe média e à sua política democrática cristã. Quando a esquerda cada vez mais sectária atacou os democratas-cristãos chamando-os de "burgueses" e "contrarrevolucionários", esses *empleados* ficaram ainda mais alienados da revolução em seu local de trabalho e em seu país – assim como a quarta parte dos trabalhadores que também apoiava os democratas-cristãos.

Se o poder proletário emergente e o sectarismo esquerdista em ascensão ameaçavam e alienavam até mesmo os trabalhadores da ex-Yarur, que desfrutavam de muitos dos benefícios da revolução e tinham a opção de se unir a ela, a reação da classe média chilena em geral foi previsivelmente hostil. Grande parte dessa classe média havia votado na Unidade Popular em março de 1971, mas durante o ano que se seguiu passou a lamentar esse voto. Para alguns, era a revolução vinda de cima: o empresário com medo de que o seu negócio fosse nacionalizado por uma Unidade Popular relutante em colocar um limite público em sua área de propriedade social, ou o dono do caminhão com medo de que o governo Allende criasse uma empresa pública que concorresse com a sua. Para outros, era a revolução vinda de baixo: o dono da terra aterrorizado com a ocupação que iria criar um conflito social que levaria a uma intervenção do governo em sua propriedade se esta fosse muito pequena para ser expropriada segundo a lei da reforma agrária de 1967, ou o fabricante que havia sido pessoalmente assegurado por Allende de que sua fábrica não seria nacionalizada, mas que se preocupava com uma ocupação por parte dos trabalhadores que pudesse de algum modo precipitar sua perda. Para outros ainda, era a sensação de que o seu mundo havia virado de cabeça para baixo, como a mulher bem-vestida assistindo a uma manifestação dos trabalhadores da ex-Yarur no centro de Santiago, que se queixou: "O que mais me preocupa é que os *rotos* estão tomando conta do centro da cidade". O que todos eles tinham em comum era uma alienação crescente e uma oposição ao governo Allende, aos partidos da Unidade Popular e à sua revolução chilena, uma oposição inicialmente provocada por tensões sociais, mas logo exacerbada por deslocamentos econômicos e solidificada pela polarização política. No final de 1971, o período do avanço revolucionário fácil estava acabado e se iniciava a batalha pelo Chile.

6. A batalha pelo Chile

Uma semana após a celebração triunfal de Allende de seu primeiro ano como presidente no caminho democrático do Chile para o socialismo, Fidel Castro chegou a Santiago para uma visita de Estado, sua primeira a uma nação latino-americana desde que a Organização dos Estados Americanos expulsara Cuba, em 1962, e sob pressão dos Estados Unidos, a maioria de seus membros rompeu relações com Havana. Castro permaneceria no Chile por quase um mês, deleitando-se em seu papel de revolucionário mais antigo da região e expressando livremente suas análises e conselhos.

Allende convidara o líder cubano para solidificar o seu apoio por parte da esquerda, ajudar a conter o MIR e unificar sua coalizão rebelde. A presença de Castro agradou a esquerda, mas era uma faca de dois gumes: podia ser usada para reunir a esquerda em torno da revolução chilena de Allende, mas também poderia, em contrapartida, servir para mobilizar seus oponentes.

No decorrer de 1971, os oponentes centristas e direitistas da revolução pouco a pouco foram se recuperando de suas derrotas eleitorais e conspirações fracassadas. Além disso, nos bastidores, o governo dos Estados Unidos iniciara uma guerra contra o governo Allende, com o objetivo de reverter seu avanço revolucionário e impulso político, minando sua estabilidade econômica e criando as condições para sua derrubada. Se uma parte desse plano secreto era "fazer a economia explodir" por meio de um "embargo invisível", que negava ao Chile empréstimos multilaterais, créditos bancários, ajuda alimentar, peças de reposição e matéria-prima, outra era pressionar o centro democrático cristão e a direita nacionalista do país para estabelecer uma aliança política cada vez mais contrarrevolucionária.

Quando Allende rejeitou a oferta de aliança de Radomiro Tomić após a Marcha da Unidade Popular pela vitória das eleições municipais de 1971, assinalou que a Unidade Popular agora abrigava as mesmas ambições hegemônicas que os democratas-cristãos abrigaram sob o comando de Eduardo Frei, e confirmou as suspeitas destes de que a estratégia da Unidade Popular era dividir o partido e absorver sua ala esquerda. Isso deixou os democratas-cristãos sem outra saída senão fazer uma aliança com a direita. Seu deslocamento para a direita foi justificado pelo assassinato de Eduardo Perez Zujovic, ministro do Interior do governo de Frei, em junho de 1971, em retaliação ao seu papel no massacre dos *pobladores* em Puerto Montt, em 1969. Membros da Vanguardia Organizada del Pueblo (VOP), um obscuro grupo de extrema-esquerda que incluía conspiradores com um suspeito passado de direita, eram os responsáveis pela morte de Zujovic. Embora o governo Allende tenha condenado o ato e perseguido e matado os assassinos em um tiroteio três dias depois, os democratas-cristãos responsabilizaram a Unidade Popular pelo "clima de violência" que possibilitou o assassinato do ministro. Em julho, o partido de centro deu um passo gigantesco para a direita, aliando-se aos nacionalistas em uma eleição parlamentar complementar em Valparaíso, em que um democrata-cristão derrotou por margem estreita o candidato da Unidade Popular, interrompendo o ímpeto político da esquerda. Essa aliança política centro-direita consolidou-se quando grande parte da esquerda democrática cristã remanescente rompeu com o partido em protesto, formou a esquerda cristã e se uniu à Unidade Popular. Em 1971, a aliança com a direita era ainda uma aliança tática, unida por sua oposição conjunta à Unidade Popular e ao seu caminho socialista, mas dividida em sua visão de como se opor a Allende, quantas de suas "mudanças" revolucionárias aceitar e que Chile construir caso fossem bem-sucedidos na expulsão da Unidade Popular.

Entretanto, a visita de Fidel Castro foi uma bandeira vermelha tanto para o centro anticomunista quanto para a direita, e seus líderes e a mídia a utilizaram não só para atacar o governo da Unidade Popular, mas também para mobilizar seus partidários. Sua estratégia foi usar a presença invasiva da nêmesis comunista do hemisfério para mobilizar um extremo protesto público que unisse suas forças. Na época, esta tática era nova: uma passeata das mulheres de classe alta e média (e suas empregadas) pelo centro de Santiago, batendo em panelas vazias em um protesto ostensivo pela escassez de alimentos que ainda era rara. A "Marcha das Panelas Vazias" (*cacerolas*) em 1º de dezembro foi "protegida" pelo grupo paramilitar e neofascista Pátria e Liberdade, cuja nova pretensão de controlar as ruas de Santiago, que tradicionalmente pertenciam à esquerda, foi contestada por grupos de jovens esquerdistas nas lutas de rua que eram um prenúncio do que estava por vir. Mais de cem pessoas foram feridas e um número similar foi preso. Em sua esteira, os democratas-cristãos convocaram um protesto contra "o sectarismo, a violência e o desabastecimento", movido para culpar o ministro do Interior de Allende e entrar em outra aliança eleitoral com a direita, a fim de contestar duas eleições parlamentares complementares na região central do país, ambas vencidas pela aliança da oposição, assinalando que a oposição tinha agora o seu impulso político. O avanço revolucionário estava acabado e a batalha pelo Chile se iniciava.

A VIRADA

Sergio Bitar era um importante economista democrata-cristão que se uniu à Unidade Popular com a esquerda cristã no final de 1971 e, em 1972, tornou-se o principal conselheiro econômico de Allende. Na época estava emergindo o desequilíbrio econômico que o fez pensar sobre a compatibilidade da estratégia econômica. Quando pediu para ver a simulação por computador do modelo econômico do governo, foi-lhe dito que se tratava de uma "economia burguesa". Para ele, esse era um sinal preocupante.

Nem Allende nem os outros importantes líderes políticos da Unidade Popular eram economistas. Assim, para levar adiante sua estratégia econômica, eles dependiam da experiência de uma equipe de economistas de esquerda liderada pelo ministro da Economia Pedro Vuskovic, um indivíduo politicamente independente. Vuskovic era um bom economista acadêmico e consultor das Nações Unidas, mas não tinha nenhuma experiência em administrar a economia de um país – ou mesmo uma empresa. Entretanto, era a autoridade econômica máxima em um governo cujo objetivo era ter o plano de Estado e administrar os principais setores da economia, incluindo as gigantescas minas de cobre do Chile. Além disso, tinha a difícil tarefa de planejar e dirigir uma transição pacífica para o socialismo dentro de um contexto sem precedentes de instituições burguesas hostis, e por isso não tinha modelos a seguir – uma transição pacífica que muitos esquerdistas consideravam impossível.

Vuskovic também participava de uma discussão entre os economistas da América Latina, uma discussão extremamente ideológica entre "monetaristas" ortodoxos, que acreditavam que a inflação era causada por uma expansão no suprimento de dinheiro e nos gastos do governo, e entre "estruturalistas" esquerdistas, que declaravam que a inflação era causada por fatores estruturais, como a concentração da posse da terra em mãos improdutivas, o que elevava o preço dos alimentos. Como ministro da Economia de Allende, a estratégia de Vuskovic, com sua ênfase nas reformas estruturais e indiferença ao suprimento de dinheiro ampliado, baseava-se no estruturalismo.

Sua tarefa inicial era tirar a economia chilena da recessão que o governo de Frei lhe havia legado, começando com um aumento neokeynesiano nos gastos do Estado financiado pela expansão do suprimento de dinheiro. De início, essa injeção de dinheiro recém-impresso teve um efeito positivo, financiando programas sociais extremamente necessários e parte da geração de emprego neokeynesiana que tirou o Chile da recessão que Allende havia herdado, e reativando rapidamente sua economia. Além do grande aumento de 30% dos salários reais durante o primeiro ano do governo da Unidade Popular, essa infusão de gastos do governo foi responsável pelo índice de crescimento do PIB de 8,6%, em 1971, e pelas *fiestas de consumo* e imagem de dinamismo econômico que ajudou a impelir a Unidade Popular para sua vitória nas eleições municipais de abril do mesmo ano. No entanto, no final de 1971, o suprimento de dinheiro em circulação duplicou e a inflação, há um século a doença econômica crônica do Chile, começou a aumentar – e continuaria aumentando durante todo o ano de 1972, para, em 1973, atingir níveis recordes.

Essa duplicação do suprimento de dinheiro não era culpa apenas de Vuskovic. Tanto a revolução vinda de cima quanto a revolução vinda de baixo compartilhavam a responsabilidade. No fundo, ela refletia a diferença entre a teoria e a realidade no caminho chileno para o socialismo. Na teoria, as empresas nacionalizadas da área de propriedade social produziriam um lucro que ajudaria a pagar os programas sociais expandidos do governo. Na prática, caminhavam para um déficit por elas financiado ao emprestar dinheiro dos bancos nacionalizados, com o Estado finalmente pagando por essa onda crescente de tinta vermelha por ter imprimido dinheiro.

Embora alguns dos déficits das empresas nacionalizadas resultassem de custos da transição (incluindo um grande aumento salarial inicial para satisfazer às expectativas dos trabalhadores), e outros fossem produto de erros administrativos, declínios na produtividade ou de uma força de trabalho expandida, muitas dessas perdas estavam programadas. A ex-Yarur era um bom exemplo: uma empresa altamente produtiva que estabelecia recordes de produção e vendia tudo o que fabricava – com um prejuízo que aumentava a cada expansão na produção e nas vendas. O problema era que a política do governo havia congelado o preço de seus produtos para manter o custo de vida baixo para os consumidores, enquanto os custos da ex-Yarur aumentaram cerca de 75% durante seu primeiro ano como uma empresa nacionalizada. Uma porcentagem significativa destes eram custos de mão de obra, mas os trabalhadores da ex-Yarur eram relativamente moderados em suas exigências salariais e sua força de trabalho não expandiu muito. Os custos de matéria-prima e energia aumentaram dramaticamente, exacerbados pelo fato de que tinham de ser importados e pagos à vista, devido ao embargo do crédito ao Chile de Allende inspirado pelos Estados Unidos.

Os administradores da ex-Yarur não pareciam preocupados com o fato de sua empresa estar caminhando para um grande prejuízo, apesar dos maiores esforços de seus trabalhadores para produzir e vender mais. Eles explicavam que dentro da indústria têxtil nacionalizada havia um sistema de "contabilidade socialista", em que os prejuízos programados das fábricas que produziam para o mercado de massa, como a ex-Yarur, seriam contrabalançados pelos lucros de outras empresas cujos produtos caros seriam vendidos a preços aumentados para a classe média e as elites. Mas tal equilíbrio da "contabilidade socialista" provou-se utópico e os prejuízos se acumularam na indústria têxtil nacionalizada, que, fora isso, era uma das histórias de sucesso da revolução.

Esses prejuízos financeiros programados pela revolução vinda de cima foram combinados com os da revolução vinda de baixo, que trouxe muito mais empresas para a área de propriedade social e mais rapidamente do que o planejado, e muitas fazendas para o setor reformado, também mais rapidamente do que o previsto. Um dos resultados disso foi um aumento nos custos da transição; outro foi uma escassez de administradores qualificados e, por isso, mais erros administrativos. A indústria têxtil nacionalizada, por exemplo, tinha apenas um engenheiro têxtil qualificado. A delegação de poder aos trabalhadores da revolução vinda de baixo podia ser criativa e produtiva, como na ex-Yarur, ou podia aumentar consideravelmente os preços devido ao salário excessivo e às exigências de benefícios do trabalhador, como aconteceu na fábrica de algodão, outra grande indústria têxtil nacionalizada. Além disso, se a revolução vinda de baixo significava mais empresas socializadas e elas estavam vendendo seus produtos com prejuízo, uma área de propriedade social ampliada significava um déficit maior.

O mesmo aconteceu com a aceleração da reforma agrária por parte da revolução vinda de baixo, que levou à sua conclusão em dezoito meses em vez de em seis anos e à criação de muito mais cooperativas do que o planejado. Embora a longo prazo se esperasse que as cooperativas dos camponeses aumentassem a produção e dessem lucro, pagando assim suas dívidas com o Estado, a curto prazo elas precisavam de uma considerável ajuda financeira e técnica para obterem sucesso – como os democratas-cristãos já haviam descoberto. Os membros da cooperativa Arnaldo Ríos, em Cautín, podem ter ficado satisfeitos com o apoio do governo na forma de doação de um trator, novas sementes e assessoria técnica especializada, mas nada disso era barato, e o governo Allende tinha de pagar os custos da transição para o quádruplo das fazendas que havia planejado inicialmente expropriar durante os dezoito primeiros meses.

Juntos, esses déficits e débitos das empresas da área de propriedade social e do setor rural reformado multiplicaram o déficit orçamentário de um governo que já estava trabalhando no vermelho devido aos programas sociais expandidos que o Congresso, controlado pela oposição, se recusava a financiar mesmo com uma arrecadação fiscal aumentada. No fim, esses déficits crescentes foram pagos com a impressão de mais dinheiro, alimentando uma inflação que era de apenas 27% em 1971, mas que se aceleraria dramaticamente em 1972 e atingiria os três dígitos em 1973.

Além disso, havia surgido na época outro problema que iria castigar a via chilena: a escassez de bens de consumo. Nesse caso, também, muitos fatores foram responsáveis, mas o governo levou toda a culpa. No fundo, a escassez era um resultado irônico de uma das maiores histórias de sucesso da revolução – o enorme crescimento nas rendas chilenas, que aumentaram em média 30% em termos reais durante o ano de 1971. De início, esse grande aumento nos salários e nos ganhos ajudou o Chile a se recuperar da profunda recessão que Allende havia herdado do governo de Frei. Possibilitou também as *"fiestas de consumo"*, em que os trabalhadores e camponeses do Chile comiam melhor, se vestiam melhor e desfrutavam produtos duráveis – desde camas até aparelhos de televisão – que eles sempre quiseram ter, mas nunca tiveram condições de adquirir. Mas quando essa capacidade em excesso foi plenamente ativada e as fábricas e fazendas estavam produzindo no máximo de sua capacidade, o aumento na demanda de bens de consumo no país não conseguiu ser satisfeita pela produção nacional.

O governo tentou importar a diferença para manter os padrões de vida, mas sua reserva cambial começou a se esgotar. O declínio de 25% nos preços do cobre, que começou com a eleição de Allende e – de forma suspeita – duraria até sua derrubada, significava que o Chile tinha menos dólares para gastar em importações. Essa situação foi exacerbada pelo bloqueio do crédito promovido pelo governo dos Estados Unidos como parte de sua campanha secreta para desestabilizar o governo Allende, o que obrigou o Chile a pagar à vista por importações que estava acostumado a pagar a crédito, recorrendo aos trezentos milhões de dólares de linhas de crédito nos bancos norte-americanos que agora estavam 90% fechadas. Juntos, esses fatores acresceram uma escassez de reserva cambial à escassez de bens de produto como problemas que o governo Allende tinha de enfrentar, além da inflação acelerada e dos déficits orçamentários.

Quando a escassez de bens de consumo começou a aparecer, ela foi exacerbada por outras interações. A estocagem exagerada e as operações no mercado negro foram reações inevitáveis à escassez de produtos, mas elas também foram promovidas pela mídia direitista e faziam parte da conspiração para desestabilizar o país. Quando apareceu uma manchete nos jornais de direita advertindo sobre uma possível escassez de açúcar, a reação dos consumidores foi sair e comprar todo o açúcar existente nos mercados – o que produziu a prevista escassez do produto. A esquerda culpava a estocagem exacerbada pela escassez crescente, bem como a sabotagem e os mercados negros estimulados pela direita. E esta, por sua vez, culpava a corrupção, o desperdício e a ineficiência dos socialistas. Juntos, esses fatores eram responsáveis por uma pequena parcela do problema. Mas o maior responsável pelo grande excesso da demanda de suprimentos que estava por trás da escassez foi o enorme aumento na demanda do consumidor, como resultado do aumento médio de 30% na renda dos chilenos.

Um aumento tão grande na renda teria sido difícil até mesmo para uma economia desenvolvida como a dos Estados Unidos suportar sem um descontrole da inflação. Em 1970, o Chile era uma economia semidesenvolvida, com uma capacidade industrial limitada, grande parte da qual dependente de tecnologia, energia e matérias-primas importadas. De início, o aumento na demanda foi positivo, permitindo que as fábricas vendessem seu estoque de produtos e pusessem em funcionamento máquinas e mão de obra inativas. Mas quando essa capacidade ociosa foi ativada e as fábricas passaram a produzir com sua capacidade total, a única maneira de produzir mais produtos era importar mais maquinário e investir pesadamente na expansão da produção.

Aqui, os economistas socialistas tinham mais fé no motivo do lucro capitalista do que era justificado. Eles assumiam que, como o setor privado estava lucrando com a explosão na demanda dos produtos, logo reinvestiria esses lucros na expansão da produção. Mas os capitalistas chilenos se mostravam compreensivelmente relutantes em investir em uma economia que trilhava o caminho para o socialismo e na qual o investimento privado diminuiu mais de 17% em 1971. Isso era verdade até mesmo para os empresários cujas empresas eram pequenas demais para ser nacionalizadas. Um fabricante de roupas que confessou jamais ter ganho tanto dinheiro quanto durante o comando da Unidade Popular, e que havia recebido garantias pessoais de Allende de que sua fábrica não seria nacionalizada, disse-me que estava mandando todos os seus lucros para sua conta bancária em Miami. "Seria louco de reinvestir no Chile", explicou. Ele confiava em Allende, mas não confiava na revolução vinda de baixo nem no poder de Allende de controlá-la. Relatou que toda manhã telefonava de sua casa para o administrador da sua fábrica para se certificar de que ela não havia sido ocupada pelos trabalhadores. E só então se dirigia ao escritório.

Se o setor privado não investisse na expansão da produção, o setor público também não poderia facilmente investir nela. A maior parte das fábricas do Chile dependia da tecnologia norte-americana, que o "embargo" de Washington dificultava que as empresas nacionalizadas obtivessem, e mesmo assim somente em transações à vista, em dinheiro vivo, algo que o governo Allende não tinha. Os esforços para introduzir maquinário dos países do bloco soviético mostraram-se problemáticos, levantando questões de qualidade e compatibilidade. De todo modo, montar novas fábricas e introduzir novas máquinas não era uma solução de curto prazo para a crescente escassez de bens de consumo, cuja dimensão requeria um aumento imediato na capacidade produtiva e em uma escala que estaria muito além até mesmo da mobilização de todos os recursos do Chile. O resultado foi um enorme excesso de demanda de suprimentos que alimentou uma inflação acelerada, assim como uma gama crescente de escassez de produtos que criou uma "psicose do consumidor" (como no Brasil em 1964), que atingiu mais fortemente as mulheres, que se sentiam responsáveis pelo bem-estar de suas famílias.

O grupo que mais profundamente sentiu a inflação e a escassez de produtos foi a classe média, cujo *status* dependia do seu consumo, embora ela não tivesse os recursos da elite para comprar todos os produtos de que necessitava no mercado negro. Além disso, a classe média – uma categoria social amorfa que incluía tanto profissionais ricos quanto funcionários de escritório cujo salário não era muito maior que o dos operários – era o grupo social menos seguro do seu *status* e mais ameaçado pela explosão de poder dos trabalhadores vinda de baixo. Quer tenham sido as relações sociais no local de trabalho (como na ex-Yarur), quer tenha sido o medo das invasões de terra por parte da classe inferior onde eles moravam, ou ainda a ansiedade de que seus pequenos negócios ou fazendas pudessem ser ocupados, a classe média estava na linha de frente dos conflitos sociais da via chilena e sentia mais fortemente suas tensões. Tais transtornos econômicos, conflitos e tensões sociais afastaram a classe média da Unidade Popular e do seu caminho democrático para o socialismo e a levaram a se identificar com os democratas-cristãos como "o partido da classe média". Isso também impeliu os democratas-cristãos a optar por uma postura de maior confronto e a estabelecer alianças eleitorais com a direita.

Durante a década de 1960, os democratas-cristãos eram um partido centrista com alas que chegavam a tocar tanto a esquerda quanto a direita, mas que possuía um discurso de mudança social e uma ideologia de reforma que o fazia parecer um partido de centro-esquerda. Após o fracasso da sua "revolução em liberdade", a perda das eleições de 1970, a rejeição de Allende à oferta de Tomić de uma grande "aliança de todas as esquerdas" e a divisão de grande parte da sua ala esquerda, os democratas-cristãos se moveram para a direita e fizeram alianças eleitorais com os nacionalistas, embora mantendo sua liberdade de ação no Congresso chileno. Além disso, o dirigente de seu partido, senador Renan Fuentealba, era um moderado que mantinha o equilíbrio entre as alas do partido e defendia um acordo negociado com a Unidade Popular para a resolução dos principais conflitos do país. Entretanto, em 1972, os democratas-cristãos estavam sob a pressão crescente de sua ascendente ala direita e do governo dos Estados Unidos para endurecer sua oposição a Allende e transformar sua aliança tática com a direita em uma aliança estratégica. A ansiedade e a alienação crescentes da base de classe média do partido reforçaram essas pressões. Como resultado, as chances de um acordo negociado das diferenças entre os democratas-cristãos e a Unidade Popular foram rapidamente diminuindo, embora em meados de 1972 ainda existisse uma possibilidade de conciliação.

A classe média era o grupo político decisivo no Chile. Seus votos deram a maioria eleitoral à Unidade Popular em 1971, quando a economia estava em expansão e havia abundância de produtos, mas sua desilusão durante o ano seguinte permitiu à oposição vencer uma série de eleições complementares, reverter o ímpeto da Unidade Popular e questionar sua autoridade para realizar um caminho democrático para o socialismo. A estratégia política de Allende para obter uma maioria socialista dependia fortemente de uma aliança com a classe média. A Unidade Popular pouco podia fazer para acalmar os conflitos e tensões sociais gerados pela revolução vinda de baixo. Entretanto, os transtornos econômicos que alienaram a classe média se transformaram em problemas políticos que tinham de ser tratados.

Desde que a política econômica não tivesse custos políticos, Allende e os outros líderes políticos da Unidade Popular estavam dispostos a deixar seu planejamento e execução a cargo dos economistas da esquerda, com uma interferência política mínima. Durante o primeiro ano do governo da Unidade Popular, essa pareceu ser uma decisão sábia. A rápida reativação da economia e os ganhos salariais reais desempenharam um papel importante na vitória política da esquerda nas eleições municipais de abril de 1971. Vuskovic e seu ministério também desempenharam um papel fundamental no dramático avanço revolucionário que se seguiu. De fato, Vuskovic foi um dos heróis desse primeiro ano do caminho para o socialismo, saudado como um mágico que havia demonstrado que a economia socialista era superior à capitalista.

A recrudescência da inflação e a emergência da escassez de produtos como questões *políticas* no início de 1972 chamaram a atenção dos líderes políticos da Unidade Popular, mas não havia uma unanimidade de opiniões sobre Vuskovic e sua política econômica. Os economistas, que originalmente o apoiaram, agora estavam céticos, enquanto os socialistas se tornaram seus defensores. Foi a perda das eleições complementares para um centrista e um direitista, apoiados tanto pelos democratas-cristãos quanto pelos nacionalistas, que conferiram urgência à questão. Isso levantou a possibilidade de que o avanço revolucionário havia se afastado do seu objetivo, e que o ímpeto político estava se desviando da esquerda, que podia não consolidar a projetada maioria eleitoral que permitiria a Allende vencer um plebiscito sobre um caminho democrático acelerado para o socialismo.

No final de fevereiro, com o verão chileno quase terminando, os líderes da Unidade Popular se reuniram em El Arrayan, nas montanhas acima de Santiago, para avaliar a situação e decidir o que deveria ser feito. No fim, os líderes reunidos em El Arrayan abriram mão ou adiaram as decisões difíceis. Não versados em economia, deram alguns meses a Vuskovic para provar que suas políticas ainda funcionavam, e se concentraram na política eleitoral, algo que conheciam melhor. Divididos entre duas estratégias políticas – uma defendendo uma aliança com o núcleo da classe média; a outra pressionando por uma confiança revolucionária na aliança com os trabalhadores e os camponeses –, deixaram que ambas seguissem em frente. Tais atrasos implicaram uma perda de tempo valiosa na correção dos desequilíbrios econômicos e permitiram que as divisões na Unidade Popular se aprofundassem.

Somente em uma área a reunião de El Arrayan produziu um movimento decisivo. Em um reconhecimento implícito do poder incontrolável e do impacto político da revolução vinda de baixo, os líderes da Unidade Popular concordaram em acelerar a reforma agrária, concluindo em apenas dezoito meses, como já vimos, uma reforma que estava inicialmente projetada para se estender por seis anos. Embora houvesse razões econômicas para essa aceleração da reforma agrária, incluindo um declínio no investimento e na produção privados nas propriedades rurais que aguardavam a expropriação, os principais motivos eram políticos. O contínuo tumulto na zona rural estava criando insegurança e ansiedade entre os proprietários de fazendas de porte médio – entre quarenta e oitenta hectares básicos –, que eram a base social das alas mais radicais dentro da Unidade Popular. Entretanto, essa revolução rural intensificada foi usada como um pretexto pelo Partido de Izquierda Radical (PIR) – a facção mais conservadora da ala radical da Unidade Popular, que possuía um apoio popular limitado, mas contava com um pequeno grupo de senadores e deputados – para deixar a coalizão do governo e se unir à oposição (um deslocamento político que mais tarde foi revelado ter sido secretamente orquestrado pela CIA). Como estratégia política, a reforma agrária acelerada fracassou.

Mas essa não foi a única parte da estratégia planejada em El Arrayan que fracassou politicamente. A vitória dos democratas-cristãos nas eleições da Universidade do Chile confirmaram o crescimento da oposição. As primeiras eleições nacionais diretas na CUT chilena resultaram em uma grande vitória da Unidade Popular entre sua base de massa, mas também revelaram que mais de um quarto dos trabalhadores do Chile ainda se identificava com os democratas-cristãos. Isso sugeria que a estratégia de dividir os democratas-cristãos e conquistar sua "base popular" não estava funcionando – o que era um sério revés para a via chilena de Allende.

Além disso, durante os meses seguintes à reunião de El Arrayan, os esforços para continuar o avanço revolucionário encontraram resistência crescente, não apenas por parte dos capitalistas do Chile, mas também da cada vez mais unida oposição de centro-direita, cuja posição endureceu e a retórica ficou ainda mais inflamada em meio à atmosfera de crescente polarização política em que Allende denunciou conspirações para derrubar seu governo por parte de atores norte-americanos e chilenos. Cada vez mais, o conflito se concentrava no uso, por parte do governo, de poderes de decreto Executivo para expandir a área de propriedade social, algo que o Congresso controlado pela oposição rejeitou em uma lei que Allende então vetou – um veto cuja legalidade foi questionada. O resultado foi uma crise constitucional que os moderados dos dois lados encararam como sendo de risco para a democracia chilena – e por conta disso requereram um acordo de compromisso político.

Foi nesse contexto que os líderes da Unidade Popular se reuniram em junho em Lo Curro, também nas colinas próximas de Santiago, para reconsiderar sua estratégia. O que fazer sobre o conflito com os democratas-cristãos – negociar um compromisso ou pressionar até o fim o avanço revolucionário independentemente das consequências – foi um dos principais temas do debate. Em junho, a situação econômica também piorou, com a inflação se acelerando, a escassez de bens de consumo se tornando mais disseminada em meio a um crescente mercado negro, as reservas cambiais esgotadas e a moeda chilena sendo rapidamente desvalorizada. Em vista da magnitude do desequilíbrio econômico, mesmo no início de 1972 já podia ser tarde demais para reverter a situação, mas o adiamento até junho de uma mudança no curso econômico comprovou-se fatal para as esperanças da Unidade Popular de recuperar a estabilidade econômica. Além disso, na época, o panorama político havia se tornado cada vez mais pessimista. A Unidade Popular foi derrotada em uma série de eleições durante o ano anterior, o que deixou claro que o apoio da coalizão havia perdido uma maioria para o socialismo, e que a iniciativa política havia passado para uma oposição de centro-direita cada vez mais unida. O caminho democrático de Allende para o socialismo parecia bloqueado, talvez para sempre. Finalmente, os líderes da coalizão se convenceram das crescentes tensões sociais no país, que estavam questionando a estratégia da Unidade Popular para conseguir uma maioria para o socialismo por meio de uma aliança com a classe média.

A resolução a ser tomada em Lo Curro era que política econômica adotar e que estratégia política seguir, e a Unidade Popular dividiu-se no que se referia à melhor solução para essas duas questões. Havia longas tensões entre comunistas e socialistas, aliados e rivais, que se estendiam há mais de três décadas. Durante a maior parte desse período, os socialistas haviam sido mais moderados que os comunistas, reformadores políticos *versus* revolucionários do proletariado. Entretanto, na década de 1960, os socialistas moveram-se para a esquerda dos comunistas e se tornaram "revolucionários" marxistas-leninistas nos moldes cubanos, que encaravam o Partido Comunista do Chile, de linha moscovita, como "reformista" – um rótulo que a ala dominante da esquerda dos socialistas, que na época tinha como presidente do partido Carlos Altamirano, também aplicou a Allende e à sua ala do Partido Socialista. No fim, tinham aceito a candidatura de Allende e abraçado sua vitória e governo, mas permaneceram céticos quanto ao seu caminho democrático para o socialismo e sua estratégia fundamental de uma aliança com a classe média. Em vez disso, os socialistas buscavam radicalizar o "processo revolucionário" do Chile dentro da coalizão e em suas bases populares. Tal postura os aproximou do MIR, o grupo guevarista de esquerda da Unidade Popular, cujos líderes jovens tinham fortes vínculos com a ala esquerda do Partido Socialista. Durante 1971, com a revolução avançando rapidamente de cima e de baixo, e com o ímpeto político do seu lado, o conflito entre comunistas e socialistas continuou silencioso. Quando o avanço revolucionário diminuiu seu ritmo e o ímpeto político se deslocou em 1972, questionando a viabilidade do caminho democrático para o socialismo, que parecia ter se afastado de seu objetivo, as diferenças entre as alas esquerda e direita da Unidade Popular e entre os dois principais partidos se aprofundaram e foram se tornando cada vez mais públicas. Quando os líderes da Unidade Popular se reuniram em junho em Lo Curro para definir o curso futuro da revolução, a reunião parecia menos uma sessão de estratégia comum e mais uma luta decisiva sobre política e poder.

O debate em Lo Curro concentrou-se em duas questões, uma econômica e outra política. A discussão econômica foi sobre se a Unidade Popular deveria se dedicar a avançar rapidamente para o socialismo, a despeito do crescente desequilíbrio na economia (como Vuskovic e os socialistas de esquerda afirmavam), ou se a coalizão deveria retornar à política econômica ortodoxa que poderia lhe permitir estabilizar a economia "em um nível mais elevado" (como pregavam Allende e os comunistas). O debate político concentrou-se na discussão de duas alternativas: deveria a Unidade Popular negociar um acordo de compromisso com os democratas-cristãos sobre a dimensão, o caráter e os procedimentos de incorporação de propriedades na área de propriedade social, o que poderia evitar uma crise constitucional e reverter o movimento do partido de centro para a direita, mas à custa de deter outros avanços rumo ao socialismo (o que era defendido por Allende e os comunistas), ou deveria abandonar a ilusão de uma aliança com a classe média e se dedicar à preparação para o agora inevitável confronto com a contrarrevolução, fortalecendo a aliança com os trabalhadores e camponeses típica da ortodoxia marxista-leninista (como insistiam os socialistas e seus aliados)? Entre o debate aparentemente teológico sobre "avançar consolidando" ou "consolidar avançando", existia uma disputa sobre estratégias econômicas, políticas e sociais diametralmente opostas. Os crescentes transtornos econômicos e seus custos políticos, bem como as trajetórias políticas parlamentares da maioria dos líderes da Unidade Popular, moldaram o resultado. No fundo, eles estavam comprometidos demais com a esfera democrática à qual dedicaram suas vidas públicas para optar pela luta armada. Allende e seus aliados comunistas prevaleceram nos dois debates, sacrificando Vuskovic e sua economia socialista em um esforço desesperado para manter a via política de Allende para o socialismo.

O atrativo da estratégia de Lo Curro era que ela parecia oferecer uma maneira de consolidar importantes avanços, neutralizar a contrarrevolução e ganhar tempo para retificar erros passados e se preparar para avanços futuros sobre bases mais firmes. Entretanto, muita coisa dependia de negociar um acordo com os democratas-cristãos. Extraordinariamente, duas semanas de negociações no final de junho entre moderados dois lados produziram o esboço de um acordo. A maior parte das mudanças estruturais promovidas pelo governo Allende, incluindo a área de propriedade social, seria legislada, embora algumas empresas socializadas viessem a ser sacrificadas – e muitas mais do que a Unidade Popular havia previsto terminariam no setor misto. Como parte do pacote, as ocupações das propriedades (a revolução vinda de baixo) seriam interrompidas e o MIR de "extrema-esquerda" seria neutralizado. Além disso, a incorporação futura das empresas na área de propriedade social requereria a aprovação do Congresso. Após uma quinzena de conversas, o destino de apenas quatro empresas permanecia em aberto, e os negociadores otimistas solicitaram aos seus partidos políticos um pouco mais de tempo para terminar a tarefa. A Unidade Popular concordou (apesar da oposição dos socialistas), mas os democratas-cristãos – dominados por sua ala direita e pressionados pelos Estados Unidos e por sua base de classe média – discordaram, na verdade vetando o compromisso que estava ao seu alcance, um acordo que poderia ter evitado a crise constitucional e a ditadura de Pinochet. Em retrospecto, a última chance de reverter a dinâmica que conduziria à tragédia caiu por terra. Junho de 1972 se comprovaria uma encruzilhada crucial. A hora dos moderados estava acabada; cada vez mais, seriam as minorias dos extremos da esquerda e das coalizões de centro-direita que dominariam.

Mesmo quando os socialistas e seus aliados estavam perdendo a luta para a estratégia revolucionária estabelecida em Lo Curro, eles se preparavam para sua posição de retrocesso: radicalizar a revolução vinda de baixo. Em junho, os trabalhadores da zona industrial de Cerrillos, nos arredores de Santiago, aconselhados por seus quadros socialistas, formaram o primeiro "*cordón industrial*", que unia os trabalhadores de todas as fábricas da região em uma organização territorial que transcendia as linhas divididas por categoria profissional dos sindicatos dos trabalhadores chilenos e o controle da liderança do sindicato nacional "reformista" (CUT), dominado pelos comunistas. A razão para a formação do Cordón Cerrillos – com o objetivo de apoiar as apropriações e as socializações das fábricas muito pequenas a fim de se qualificarem para a nacionalização do governo Allende, mas cujos trabalhadores militantes apoiavam intensamente a condução da revolução também aos *seus* locais de trabalho – indicou uma radicalização maior da revolução chilena vinda de baixo, que não seria limitada pelas promessas de Allende ou pela legislação aprovada pelo congresso "burguês".

Um mês depois, os delegados do Cordón Cerrillos foram aplaudidos na primeira "Assembleia do Povo", organizada pelos socialistas e pelo MIR na cidade sulista de Concepción, onde ambos tinham seu mais forte apoio. Essa reunião de representantes do trabalhador, do camponês e do *poblador* "revolucionários" exemplificava a aliança social revolucionária que os socialistas e o MIR contrapunham à aliança "reformista" com a classe média promovida por Allende e os comunistas, e que havia sido aprovada em Lo Curro. Não surpreende que a reunião endossasse a estratégia revolucionária socialista que a liderança da Unidade Popular havia rejeitado e exigisse a criação do "poder popular". A revolução vinda de cima e a revolução vinda de baixo estavam agora em rota de colisão.

Também em julho, Pedro Vuskovic, de sua nova posição como dirigente da CORFO e, portanto, da área de propriedade social, indicou que usaria esse cargo para continuar o avanço para o socialismo, levando o setor socializado da economia a um nível mais elevado. Aqui, o evento simbólico foi o Encontro Têxtil, que reuniu representantes dos trabalhadores e do governo das empresas socializadas do setor têxtil para avaliar a situação do socialismo em seu setor e programar os próximos passos. O encontro recebeu críticas abertas da burocracia do Estado e da participação falha dos trabalhadores, assim como uma avaliação em geral otimista do socialismo nesse setor de vanguarda. Em uma atmosfera exaltada, com trabalhadores exigindo participação nas tomadas de decisão em um nível mais elevado, Vuskovic concordou em integrar a participação dos trabalhadores no planejamento nos níveis mais altos da CORFO. Os acordos estabelecidos nesse Encontro Têxtil foram vistos como um modelo que seria desdobrado para outros setores da área de propriedade social, estendendo o modelo de democracia econômica da via chilena do chão de fábrica para o planejamento e a tomada de decisão em nível nacional, garantindo assim um socialismo especificamente chileno e com a participação dos trabalhadores em todos os níveis.

À mudança para uma estratégia extraparlamentar por parte da esquerda revolucionária correspondeu uma mudança similar, embora diferente, por parte da direita contrarrevolucionária. Apesar de os moderados de ambos os lados terem falado em continuar as negociações para um acordo de compromisso no Congresso, estas nunca progrediram. Em vez disso, sua ala direita dominante moveu os democratas-cristãos para uma aliança mais próxima com a direita e uma postura mais confrontadora com o governo Allende. Cada vez mais, a batalha pelo Chile saía dos salões do Congresso e ia para as ruas, os mercados e os locais de trabalho. Em agosto, grupos paramilitares de direita bloquearam o trânsito com barricadas em chamas e travaram batalhas nas ruas com grupos esquerdistas no centro de Santiago, enquanto grupos de estudantes democratas-cristãos buscaram o martírio em confrontos com a polícia em manifestações contra políticas educacionais consideradas prejudiciais às escolas particulares. O caminho democrático para o socialismo estava bloqueado e se iniciava a luta do governo Allende pela sobrevivência.

A LUTA PELA SOBREVIVÊNCIA

Com suas esperanças enfraquecidas de um acordo negociado com os democratas-cristãos e sua via chilena bloqueada, o governo Allende lutou o máximo que pôde. Como a inflação continuava a acelerar e a escassez de produtos, a se multiplicar, o governo procurou controlar os transtornos econômicos que afetavam os consumidores chilenos. Sua solução foi mobilizar seus partidários contra a especulação e a estocagem de produtos, atos vistos pela Unidade Popular como responsáveis pela inflação e pela escassez, e garantir "ao povo" uma cesta básica de produtos a um preço controlado. À maneira típica da revolução chilena, usou uma instituição preexistente de regulação do consumo – a DIRINCO* – e lhe deu um novo aspecto revolucionário, criando Juntas de Abastecimiento y Precios (JAPs) nos bairros de todo o país. Os comerciantes locais que se juntassem às JAPs e concordassem em vender os produtos a preço controlado, que era muito menor que o do mercado negro, seriam reabastecidos pelo setor estatal da economia; aqueles que não o fizessem, teriam seus estabelecimentos fechados e seriam processados. Os moradores locais foram encorajados a policiar os mercados e lojas de seu bairro e identificar aqueles que faziam uso do

---

* A DIRINCO foi uma operação eficiente, em parte porque seu dirigente era um oficial da Aeronáutica simpático aos socialistas, o general Alberto Bachelet, que após o golpe pagaria com a própria vida sua participação no governo Allende. Três décadas depois, sua filha Michelle se tornaria presidente do Chile.

mercado negro e que acumulavam estoque. Outra tarefa das JAPs era garantir uma cesta básica para os consumidores a preço controlado. Na verdade, isso era racionamento, mas como tal palavra era identificada no Chile com os resultados negativos da Revolução Cubana, Allende hesitava em usá-la. Fosse qual fosse o nome dado, as JAPs não conseguiram deter a inflação, impedir a estocagem de produtos ou controlar o mercado negro, mas conseguiram garantir à maioria dos chilenos uma cesta básica de gêneros alimentícios e outros produtos a um preço que eles podiam pagar, embora a qualidade fosse irregular, o conteúdo variado e os consumidores tivessem de enfrentar longas filas para obtê-los. Por meio das JAPs, o governo Allende protegeu seus partidários das piores consequências dos transtornos econômicos. Como as JAPs eram politizadas pela oposição, que as rotulava de racionamento comunista, os partidários da oposição com frequência se recusavam a se unir a elas ou receber suas cestas. Isso deixou a classe média democrata-cristã entre as mais duramente atingidas pela inflação e pela escassez de produtos, enquanto esse era precisamente o setor social que a política estratégica da Unidade Popular procurava atrair.

O governo Allende pode ter sido bem-sucedido em diminuir o impacto dos crescentes transtornos econômicos sobre seus partidários, em expandir marginalmente a área de propriedade social e em encontrar mercados alternativos para o cobre chileno no bloco socialista, quando as companhias de cobre norte-americanas interferiram nas vendas no oeste europeu. Mas foi incapaz de estabilizar a economia ou a moeda chilenas ou de conseguir um novo avanço revolucionário. Foi também incapaz de aliviar os conflitos de classe que estavam destruindo a sociedade chilena ou deter a polarização política que estava corroendo a democracia do país. Quando agosto terminou e se iniciou o mês de setembro, houve uma intensificação nos conflitos de rua, novas manifestações dos estudantes e ameaças de greve por parte de associações de classe média contrárias ao regime, como a dos proprietários de táxis e ônibus. No dia 4 de setembro, centenas de milhares de pessoas fizeram uma passeata para mostrar a continuação do seu apoio a Allende e à sua via chilena, mas a Unidade Popular começou a ser advertida de um "Plano Setembro" tramado pela CIA e pela oposição para derrubar o governo. A informação estava errada em um mês: a ofensiva contrarrevolucionária ocorreria em outubro.

Em 8 de outubro, os proprietários de caminhões da província sulina de Aysén paralisaram o trabalho para protestar contra os planos do governo de criar uma frota de caminhões de propriedade do Estado nessa província isolada e mal servida. Paralisações de trabalho e protestos localizados eram ocorrências diárias, e uma paralisação e um protesto ocorridos em uma parte subpovoada e isolada do Chile não seria notícia de primeira página. O que foi diferente neste caso é que a associação dos proprietários de caminhões convocou uma paralisação *nacional* do trabalho em solidariedade aos caminhoneiros de Aysén, movimento que parou a maior parte dos transportes por caminhão no Chile. Além disso, na semana que se seguiu – como se tivesse sido algo antecipadamente planejado –, outras associações profissionais – desde produtores e varejistas até construtores e proprietários de táxis – se uniram no que a imprensa estava agora chamando de "Greve de Outubro", que logo recebeu a adesão também dos médicos, dos engenheiros e de outras associações profissionais de classe média. Na verdade, mais que uma greve, foi uma paralisação forçada, com o fechamento de fábricas e lojas apesar de seus trabalhadores desejarem continuar produzindo e distribuindo bens e serviços. Durante os dias que se seguiram, a "greve" tornou-se violenta, com grupos de direita fortemente armados agindo como fiscais e atacando os estabelecimentos que não aderissem à paralisação, atacando os caminhões que circulavam, atirando nos motoristas, e incendiando uma fábrica.

Finalmente, em 21 de outubro, o propósito político fundamental da paralisação "econômica" foi revelado no chamado "*Pliego de Chile*", que, além das exigências específicas de cada uma das associações comerciais, exigia que o governo convocasse um plebiscito dentro de 48 horas sobre a área de propriedade social, parasse de usar as JAPs para controlar os preços e o mercado negro, e concordasse com as posições dos partidos de oposição com relação aos bancos, à reforma agrária e aos meios de comunicação. Também exigia que Allende assinasse a Lei de Armas aprovada pelo Congresso controlado pela oposição, o que garantia às Forças Armadas o direito de buscar armas ilegais sem um mandado legal, tendo por base denúncias anônimas. Na verdade, exigia um reverso da revolução chilena. A contrarrevolução sobre a qual a Unidade Popular havia sido advertida estava agora manifesta. E era um golpe de Estado.

Na verdade, a contrarrevolução já vinha sendo tramada há algum tempo. Demorou um ano para que se recuperasse do fracasso do assassinato de Schneider, mas as conspirações nunca cessaram, a começar pelos Estados Unidos. Em 6 de novembro de 1970, três dias depois da posse de Allende como presidente eleito do Chile – uma eleição e uma posse que o governo Nixon fez tudo o que pôde para impedir –, seu Conselho de Segurança Nacional se reuniu para avaliar a política dos Estados Unidos com relação ao novo governo chileno. No dia anterior, Henry Kissinger, Conselheiro de Segurança Nacional de Nixon e guru das relações exteriores, escreveu ao presidente um memorando secreto em que enfatizava que "a eleição de Allende nos coloca diante de um dos mais sérios desafios jamais enfrentados no hemisfério" e declarava que a decisão sobre o que fazer com o Chile seria "a decisão sobre relações exteriores mais histórica e difícil que o senhor vai tomar este ano". Embora em público Kissinger afirmasse que a preocupação dos Estados Unidos era que Allende transformasse o Chile em uma ditadura totalitária como a Cuba de Castro, e que a sua eleição seria a última do Chile, privadamente a preocupação *real* de Kissinger era o *inverso*: que Allende mantivesse a sua palavra e promovesse um caminho democrático para o socialismo. Kissinger advertiu Nixon contra o "insidioso" "efeito modelo" da via chilena de Allende, citando especificamente a Itália como "exemplo de um bem-sucedido governo marxista eleito ... [e que] certamente teria um impacto", mas em geral invocando um cenário de pesadelo para os Estados

Unidos, em que "a disseminação imitativa de fenômenos similares em outros locais afetaria significativamente o equilíbrio mundial e a nossa posição nesse cenário". Alertando Nixon para a preferência do Departamento de Estado de elaborar um *modus vivendi* com um governo Allende eleito de forma democrática, Kissinger instava o presidente dos Estados Unidos a optar, em vez disso, por uma política enganosa de correção formal que mascararia uma guerra secreta.

Em 6 de novembro de 1970, somente três dias depois da posse de Allende, e antes de o seu governo tomar qualquer atitude contra os interesses dos Estados Unidos que pudesse ser considerada hostil, uma reunião secreta do Conselho de Segurança Nacional norte-americano, promovida por Kissinger, rejeitou a busca de um "*modus vivendi* com o governo Allende", ou o que ele considerava uma política contraproducente de hostilidade aberta, optando em vez disso pela "adoção do que é na verdade uma postura hostil, mas não explícita". Os Estados Unidos manteriam uma "postura publicamente fria e correta" para com o governo Allende, enquanto secretamente seguiria o conselho de Kissinger:

> Criar pressões, explorar fraquezas, exagerar obstáculos – o que no mínimo vai garantir seu fracasso ou obrigá-lo a modificar suas políticas, e no máximo pode conduzir a situações em que seu colapso ou sua derrubada possam ser mais factíveis.

Na prática, isso significava um "embargo invisível" por parte dos Estados Unidos, calculado para "fazer a economia explodir", uma operação velada – política e dos meios de comunicação – destinada a "desestabilizar a democracia" no Chile, e uma operação secreta com os militares chilenos para superar sua neutralidade constitucional e conduzi-los à realização de uma intervenção política. Juntas, essas medidas resultariam em uma guerra secreta contra o governo Allende com o objetivo de garantir o fracasso do seu caminho democrático para o socialismo e criar as condições para sua deposição por meio de um *impeachment* do Congresso ou de um golpe militar – na verdade, uma reprise da operação secreta de duas vias para impedir a posse de Allende.

É importante notar que essa guerra secreta teve início mais de um ano antes de Allende decidir não indenizar as companhias de cobre norte-americanas pelas minas chilenas expropriadas. Essa decisão, justificada por deduções por lucros excessivos e os "custos", que vieram a ser conhecidos como a Doutrina Allende, acrescentou outra justificativa pública e foi motivo privado para a guerra secreta dos Estados Unidos, particularmente em uma região e em uma época em que outras nações – como a Venezuela, rica em petróleo – estavam encarando o Chile como um exemplo de como reclamar o controle nacional de recursos naturais de propriedade estrangeira. Também acrescentou novos "guerreiros" e "armas" comerciais à guerra secreta dos Estados Unidos contra o governo Allende. Em sua esteira, as companhias de cobre norte-americanas moveram processos nos tribunais europeus pela posse de remessas de cobre chileno, declarando que elas haviam vindo de sua propriedade "confiscada". Independentemente de seu resultado judicial, esses processos legais desencorajaram potenciais compradores e exacerbaram uma crise cambial que já era séria devido a um embargo financeiro norte-americano "invisível".

O que os críticos chamavam de "embargo invisível" do crédito, do comércio e do investimento baseava-se no fato de o Chile depender econômica e financeiramente dos Estados Unidos. Em 1970, as companhias norte-americanas controlavam dois terços do 1,6 bilhão de dólares de investimentos estrangeiros no Chile. A maior parte desse investimento norte-americano era na indústria de cobre, responsável por 80% dos ganhos de exportação do Chile, dois terços dos quais eram gerados por duas minas gigantescas dirigidas pelos Estados Unidos. A "chilenização" dessas minas por Eduardo Frei – que concedeu metade da participação acionária ao Chile, mas não o controle – foi financiada por empréstimos dos Estados Unidos e era a parte principal do mais de um bilhão de dólares que o

Chile devia aos bancos norte-americanos em 1970. Além desses empréstimos a longo prazo, a economia chilena dependia de cerca de trezentos milhões de dólares em linhas de crédito de bancos norte-americanos para financiar as importações necessárias de maquinário, peças de reposição e matérias-primas. Sinalizações das agências de governo dos Estados Unidos, como o Export-Import Bank, de que o Chile não era digno de crédito, levaram a um encolhimento de 90% dessas linhas de crédito durante os anos do governo Allende. A pressão do governo norte-americano também fechou a assistência multilateral de instituições ostensivamente apolíticas, como o Banco Mundial e o Banco Interamericano de Desenvolvimento. A ajuda bilateral dos Estados Unidos também praticamente desapareceu, com a exceção importante da ajuda militar, que duplicou, enquanto as vendas de armas triplicaram. "Estamos mantendo nossa missão militar em uma base de 'negócios, como sempre'", escreveu Kissinger a Nixon, "para manter o máximo de contato com os militares chilenos".* A guerra secreta dos Estados Unidos contra Allende foi um dos vários fatores importantes que conduziram ao fracasso da via chilena e ao golpe militar. A emergência de uma contrarrevolução chilena, promovida pela guerra secreta dos Estados Unidos, foi outro.

A elite chilena pode ter se beneficiado do financiamento e dos conselhos dos Estados Unidos, mas não precisava de agentes da CIA para lhe dizer como destruir Allende e bloquear seu caminho democrático para o socialismo. Ela realizou campanhas similares contra as reformas da Frente Popular da década de 1930 e contra a Revolução em Liberdade dos Democratas-Cristãos na década de 1960. Nessas duas campanhas, foi principalmente o setor mais aristocrático e tradicional da elite chilena – os proprietários de terras e sua Sociedade Nacional

---

* Tais "contatos" incluíam disseminar propaganda enganosa entre o corpo de oficiais, acusando falsamente Allende de passar segredos militares a Cuba e dizendo ao general Augusto Pinochet que se ele algum dia decidisse liderar um golpe militar contra Allende, Washington o apoiaria.

de Agricultura (SNA) – que assumiu a liderança, e o mesmo ocorreria em 1971 contra a via chilena da Unidade Popular. Mas nas circunstâncias mais difíceis e perigosas da década de 1970, quando a ameaça não era apenas uma reforma agrária, mas uma revolução socialista, com a Unidade Popular perigosamente próxima de conseguir em abril de 1971 uma maioria eleitoral que lhe permitiria legislar tal transformação, uma coalizão da elite era insuficiente. Da mesma forma que a Unidade Popular, mas do outro lado do espectro político, a estratégia das elites se concentrava na classe média, o grupo decisivo da política chilena. O necessário agora era uma campanha que atraísse a classe média chilena para uma aliança cada vez mais contrarrevolucionária. Sua solução era moldá-la como uma ampla "defesa da propriedade privada", que usasse as expropriações levadas a cabo pela Unidade Popular das grandes propriedades rurais e a nacionalização dos maiores bancos, indústrias e empresas comerciais do Chile para aumentar o terror dos proprietários das pequenas propriedades e das pequenas empresas diante da ameaça de que eles pudessem ser os próximos, apesar das garantias em contrário dadas pelo governo. Dessa forma, a direita usava a revolução vinda de baixo como catalisador das ansiedades pequeno-burguesas.

O instrumento criado para esse propósito foi a Frente Nacional do Povo (FRENAP). Normalmente, a elite chilena mantinha uma postura política discreta e permitia que os políticos profissionais que lideravam os partidos de direita falassem por ela. O que ressaltou a seriedade com que encararam o desafio da Unidade Popular foi o fato de ter sido a elite econômica, através de sua organização mais abrangente, a Confederação da Produção e do Comércio, que dirigiu a contrarrevolução, planejando nos bastidores a aliança com os grupos de classe média (pequeno-burgueses) por meio da FRENAP. É importante notar que foram os grupos de interesse econômico capitalistas (*gremios*), não os partidos políticos que os representava, que assumiram a liderança na Greve de Outubro, com a elite os dirigindo dos bastidores, e os grupos mais numerosos de pequeno-burgueses (*gremios*) – como a associação dos varejistas do democrata-cristão Rafael Cumsille – proporcionando a liderança visível, as tropas de choque e os mártires, e emprestando uma legitimidade maior ao que do contrário seria visto como uma defesa da elite egoísta de seus próprios interesses.

Considerada em seu conjunto, a Greve de Outubro resultou em uma poderosa ofensiva contrarrevolucionária, cujo objetivo imediato era deter o avanço revolucionário e destruir irremediavelmente a economia, mas seu objetivo final era a deposição de Allende para, assim, reverter seu caminho democrático para o socialismo. Esse não foi o primeiro ataque contrarrevolucionário que o governo da Unidade Popular teve de enfrentar. Ele encarou – e derrotou – várias conspirações militares durante seus dois primeiros anos no comando. Mas a escala e o escopo da Greve de Outubro – e o envolvimento da sociedade civil – representaram um salto quantitativo para a contrarrevolução e o mais sério desafio até então à revolução chilena.

Isso obrigou a Unidade Popular a transcender suas divisões internas, adiar reformas prometidas, mobilizar seus recursos remanescentes e abandonar a revolução vinda de baixo para conter a ameaça contrarrevolucionária. Desde o início, o governo baseou sua defesa em três pilares: no poder Executivo, nas Forças Armadas e na classe trabalhadora organizada. Usando seus poderes de emergência garantidos pela Constituição, o governo Allende assumiu redes da mídia, requisitou caminhões e prendeu os grevistas que bloqueavam as estradas. Declarando estado de emergência nas províncias afetadas, Allende conseguiu envolver as Forças Armadas na restauração da ordem. Desde o início, a CUT chilena desempenhou um papel fundamental na mobilização do apoio da classe trabalhadora aos esforços do governo para manter a produção e a distribuição dos produtos essenciais, ambos seriamente ameaçados pela greve dos proprietários de caminhões.

Mas a revolução vinda de cima permanecia na defensiva, sempre um passo atrás de seus antagonistas, impedindo as investidas da oposição, porém incapaz de conter a greve que se disseminava ou de mobilizar a contraofensiva que poderia transformar a crise em um avanço revolucionário. Foi a revolução vinda de baixo que preencheu a brecha, interpretando a convocação da CUT chilena por vigilância como autorização para uma ação revolucionária direta. Diante de enormes obstáculos, as fábricas da Área de Propriedade Social mantinham seus níveis de produção enquanto organizavam a própria defesa contra ataques paramilitares da direita. Também mobilizaram potencial humano, transportes e outros recursos para o esforço nacional de derrotar a "Greve dos Patrões". Dentro de um contexto de conflito de classe explícito, até mesmo os trabalhadores democratas-cristãos puseram de lado suas posições políticas e se juntaram à luta. Além disso, quando as agências do governo não conseguiram garantir a defesa dos bairros e a distribuição direta dos produtos e serviços essenciais, os trabalhadores e as organizações de base assumiram essas responsabilidades.

Na linha de frente dessas organizações de base estavam os multiplicados cordões industriais, que interligavam os trabalhadores de diversas fábricas e origens e geravam os recursos e o dinamismo necessários para deter a ofensiva contrarrevolucionária e transformá-la em uma oportunidade para o avanço revolucionário. Os cordões organizaram a tomada de empresas do setor privado onde os trabalhadores estavam trancados ou onde a produção ou distribuição havia sido sabotada. Também incorporaram trabalhadores às fábricas e lojas que eram muito pequenas para ser legalmente sindicalizadas pela CUT chilena ou incorporadas à área de propriedade social. Unindo trabalhadores de diferentes setores, ofícios, *status* e posições políticas, os cordões conseguiram transcender o nível básico das limitações que o Código Trabalhista Chileno havia imposto à organização da mão de obra. No fundo, eles representavam a resposta bem-sucedida da classe trabalhadora chilena à "greve da burguesia" (a Greve de Outubro foi seu momento mais propício).

A ex-Yarur foi um bom exemplo. Dentro da fábrica, seus trabalhadores se transformaram em gerentes, tornando a Greve dos Patrões sua prioridade. A produção e distribuição de roupas e fios foram mantidas em altos níveis, apesar da escassez de material – os caminhões e motoristas da ex-Yarur foram emprestados ao Ministério da Economia para o esforço nacional de manter o suprimento das necessidades dos consumidores. Além disso, a ex-Yarur transformou seu departamento de manutenção para que ele pudesse reunir caminhões, disponibilizou sua garagem para a manutenção dos veículos requisitados e ofereceu seu espaço protegido para o estacionamento seguro de caminhões do governo. Os trabalhadores da fábrica de algodão também votaram pela eliminação dos comerciantes grevistas da lista dos clientes dos produtos escassos da fábrica e pela distribuição direta de suas quotas aos *pobladores* e camponeses organizados. Os trabalhadores da ex-Yarur não só trabalharam horas extras em sua própria fábrica, mas também passaram suas horas de descanso e fins de semana carregando e descarregando produtos na Estação Ferroviária Central, um elo fundamental no plano do governo de manter a economia funcionando e os consumidores supridos com os produtos necessários em nível nacional.

Mas os trabalhadores da ex-Yarur também foram além das ações econômicas. Em resposta à Greve de Outubro, que incendiou a Caupolican de Chiguayante, sua fábrica-irmã no sul do país, a ex-Yarur formou brigadas de autodefesa. Eles não tinham armas, mas em meados de outubro, mil trabalhadores "armados" com lanças de madeira pontiagudas derrotaram uma tentativa direitista de assaltar a fábrica de Santiago. Eles também ajudaram a defender o bairro em que estavam localizados, repelindo um ataque violento a um quartel-general do comitê local da Unidade Popular. Pela primeira vez, os trabalhadores da ex-Yarur estendiam seu raio de ação – e seus recursos – aos trabalhadores e moradores do bairro. Além disso, desempenharam um papel fundamental na fundação de um cordão industrial local, o Cordón O'Higgins, no qual a ex-Yarur era a maior empresa e a que tinha mais recursos. Dentro do contexto do cordão e da Greve de Outubro, os trabalhadores da ex-Yarur desempenharam papéis importantes na tomada e reabertura, sob a autoadministração dos trabalhadores, de várias empresas locais cujos proprietários haviam trancado para fora seus trabalhadores e aderido à greve. Entre essas empresas estava a grande oficina de máquinas Salinas y Fabres, um dos poucos estabelecimentos industriais de Santiago com capacidade para reparar caminhões sabotados e outros veículos pesados fundamentais para manter as redes de distribuição nacional diante da greve dos transportes. Além disso, dentro do extenso "território" do Cordón O'Higgins, a ex-Yarur coordenou a distribuição de produtos básicos para lojas e moradores e ajudou a defender o bairro dos ataques paramilitares de direita.

Em todo o Chile a história era similar, pois a revolução vinda de baixo combateu a Greve de Outubro enquanto pôde, com frequência transformando o conflito em nível local em uma oportunidade para avanços revolucionários. O que permanecia a ser visto era se, em nível nacional, Allende e os líderes da Unidade Popular se colocariam no comando da combativa revolução vinda de baixo e a usariam para obrigar um avanço revolucionário, um sucesso que as revoluções passadas haviam conseguido em circunstâncias comparáveis. Entretanto, para Allende, essa era apenas uma de suas opções no final de outubro, e não a que ele estava mais inclinado a adotar.

Com os grupos de interesse econômico liderando a confrontação com o governo Allende, os partidos políticos da direita e do centro se apressaram em se envolver, embora privadamente se preocupassem em perder o controle da sua própria base social. Isso ocorreu principalmente com os democratas-cristãos, aliados táticos da direita, mas que tinham sua própria visão estratégica. Para a direita chilena, incluindo o Partido Nacional, a tarefa da Greve de Outubro era criar as condições para um golpe militar imediato; para os democratas-cristãos, seu objetivo era criar tal caos que a oposição conseguisse a adesão de mais de dois terços do Congresso nas eleições parlamentares marcadas para março de 1973 e assim pudesse realizar o *impeachment* de Allende.

Essa diferença na visão estratégica entre seus oponentes deu a Allende a abertura de que ele necessitava para negociar.

Do lado da Unidade Popular também havia divisões com relação à estratégia a ser seguida. A revolução vinda de baixo havia salvo o governo, mas a visão original de Allende de um caminho democrático para o socialismo parecia irremediavelmente bloqueada, e sua revolução vinda de cima parecia esgotada, uma vez que não possuía nem os recursos nem a criatividade para ir além do que voltar seu foco para as eleições para o Congresso e esperar reiniciar as negociações com os democratas-cristãos de uma posição mais fraca do que antes.

Ao mesmo tempo, a revolução vinda de baixo se agitava. Ela havia paralisado a ofensiva contrarrevolucionária e expandido tanto sua base social quanto sua base geográfica, como podia ser visto na proliferação dos cordões industriais e das empresas tomadas e autoadministradas por seus trabalhadores. No processo, um número muito maior de trabalhadores industriais do Chile tornou-se radicalizado, com até mesmo os trabalhadores democratas sociais reagindo ao que era visto como um conflito de classe. Os cordões também expandiram seus papéis, assumindo a defesa de seus territórios, residências e serviços, bem como de suas fábricas. A convocação dos cordões para "criar poder popular" não mais soava como uma hipérbole ideológica, mas ressoava com os chamados socialistas para o governo armar o povo e capacitá-lo na preparação para o confronto militar final com a contrarrevolução que a ala esquerda da Unidade Popular, assim como o MIR, agora considerava inevitável. Alguns socialistas até anteviram os cordões armados como os futuros "sovietes" da revolução chilena.

Como no passado, a divisão dentro da Unidade Popular era ao mesmo tempo uma divisão sobre tática política e estratégia revolucionária. Sua ala esquerda, liderada pelos socialistas, estimulava Allende a esquecer sua via chilena bloqueada e a aliança ilusória com a classe média, e se colocar na liderança do poder combativo da revolução vinda de baixo para obrigar um avanço revolucionário com base em uma aliança de classe entre trabalhadores, camponeses e *pobladores*. Contudo, a ala direita da coalizão de Allende, liderada pelos comunistas, era favorável a um acordo negociado com os democratas-cristãos que pusesse fim à Greve de Outubro e retornasse o conflito político à arena eleitoral que lhes era familiar.

A própria preferência de Allende pelas soluções constitucionais, mudança controlada e política eleitoral também defendia um compromisso político, pois ele passara a vida toda procurando um caminho democrático para o socialismo. A economia chilena podia estar em ruínas, o conflito de classe explícito nas ruas e a política irremediavelmente polarizada, mas Allende não conseguia voltar as costas ao trabalho de toda uma vida e se transformar no "Lênin dos Andes".

Allende foi também influenciado por seu comandante militar, general Carlos Prats, que não acreditava no poder do "povo armado" e tinha grande fé em seu próprio poder como comandante para controlar as Forças Armadas. Prats concordou em pôr fim à Greve de Outubro, levando seus quatro comandantes das Forças Armadas para o gabinete de Allende, com ele próprio como ministro do Interior, que no Chile atua como vice-presidente. Prats também convenceu Allende a assinar a Lei de Armas, como vimos anteriormente, uma medida de oposição que dava às Forças Armadas o direito exclusivo de portar armas e o poder para buscar armas ilegais ostensivas em qualquer lugar e a qualquer hora, tendo por base denúncias anônimas. Ambas se comprovaram decisões fatídicas, pavimentando o caminho para o golpe militar no ano seguinte.

Não está claro se abraçar a estratégia alternativa produziria um avanço revolucionário. Poderia ter precipitado um golpe e até mesmo um massacre mais sangrento. Mas o que fica evidente em retrospecto é que a escolha de Allende de abandonar a revolução vinda de baixo e manter seu caminho democrático condenou a revolução chilena à derrota.

Entretanto, na época, parecia uma decisão astuta, típica da capacidade de Allende de manipular o sistema político chileno. Prats negociou um fim rápido para a Greve de Outubro, isolando a direita e pondo fim às suas esperanças de provocar um golpe militar imediato. Na verdade, Allende também esvaziou a ala esquerda do seu próprio movimento. Os cordões industriais permaneceram com as empresas que eles haviam tomado e socializado – apesar das promessas do governo de devolvê-las aos seus antigos proprietários –, mas não conseguiram transformar seus progressos em um avanço revolucionário, e eles próprios em "sovietes" chilenos.

Em vez disso, a mobilização dos trabalhadores do Chile para combater a Greve dos Patrões foi transformada em uma campanha eleitoral partidária – as eleições de metade do mandato para o Congresso estavam marcadas para março de 1973. Era a política de sempre, mas em circunstâncias cada vez mais desesperadas. Embora o governo tenha conseguido usar a trégua para resolver a questão do câmbio internacional, nunca conseguiu reparar totalmente o dano econômico causado pela Greve de Outubro, e a inflação acelerou para três dígitos, enquanto a escassez dos bens de consumo tornava-se ao mesmo tempo crônica e aguda. Além disso, o retorno à política partidária reafirmou as identidades políticas dos trabalhadores democratas-cristãos que haviam se unido aos trabalhadores da União Popular para deter a Greve dos Patrões, privando a revolução da oportunidade de conquistar sua lealdade. Diante dessas terríveis circunstâncias, a oposição esperava conseguir dois terços do Congresso, motivo pelo qual aceitou a trégua eleitoral de Allende.

No entanto, quando os votos foram contados, em 4 de março de 1973, ficou claro que um número inesperadamente alto de chilenos ainda se identificava com a Unidade Popular e sua revolução chilena. A oposição de centro-direita havia conseguido uma clara maioria dos votos – 55% contra 44% da Unidade Popular –, mas a esquerda demonstrou uma força surpreendente, conquistando *mais* cadeiras do que antes no Congresso, e a oposição ficou longe dos 76% do Congresso de que necessitava para pedir o *impeachment* de Allende – e não haveria outra eleição nacional durante os três anos finais do mandato presidencial de Allende. No fim, as eleições de março mostraram que o Chile estava dividido em relação à revolução de Allende e que, mesmo sob circunstâncias tão desfavoráveis, a esquerda era agora a força política isolada mais poderosa, que requeria uma aliança da direita e do centro para ser derrotada. Além disso – raciocinavam em júbilo os esquerdistas –, se a Unidade Popular conseguiu ter esse bom desempenho apesar de circunstâncias tão adversas, poderia melhorar essas condições durante os próximos três anos, e poderia ainda conseguir uma maioria para o socialismo no final do mandato de Allende.

A oposição compartilhou o choque dos resultados e dessa análise, mas extraiu conclusões diferentes do seu entendimento de que havia um empate civil no Chile e que não seria possível depor Allende pelas vias legais. Como essa havia sido a estratégia do Partido Democrata-Cristão, ele foi o mais imediatamente afetado por seu fracasso. Um mês depois, os democratas-cristãos depuseram sua liderança moderada, que se opunha a um golpe militar, e a substituíram por um grupo pró-golpe, liderado pelo senador Patrício Aylwin. Algumas semanas depois, líderes trabalhistas *gremialistas* de direita, com vínculos secretos com a CIA, comandaram uma greve que abrangia principalmente funcionários administrativos da gigantesca mina de cobre El Teniente, que reduziu a produção, dividiu os trabalhadores e constrangeu o governo. Quando os trabalhadores democratas-cristãos se uniram à greve, seus líderes no Congresso a endossaram e as mulheres da oposição de elite se uniram às esposas dos mineiros, ficou claro que estava envolvida ali mais que uma disputa sobre ajustes dos salários à inflação. A disputa trabalhista politizada foi finalmente resolvida e a greve terminou em junho de 1973, mas o constrangido governo da Unidade Popular teve pouca trégua antes de ter de enfrentar seu próximo desafio.

Em 29 de junho, as tensões políticas explodiram novamente em uma tentativa abortada de golpe por parte da extrema direita. Um regimento blindado de Santiago, liderado por um oficial neofascista, atacou de surpresa o palácio presidencial e os principais prédios do governo. Foi rapidamente reprimido pelo general Prats e pelas tropas leais ao presidente, comandadas pessoalmente pelo comandante do Exército, embora não antes de vinte pessoas serem mortas e nove ficarem feridas no confronto entre soldados leais e rebeldes. Essa "vitória" revolucionária no primeiro teste de armas com a contrarrevolução foi celebrada com uma maciça manifestação no centro da cidade por partidários da Unidade Popular, o que refletia sua mobilização nas fábricas, fazendas e *poblaciones* de todo o país. Além disso, esse "*tancazo*" (a primeira tentativa de golpe contra o governo) foi o mais perturbador dos muito eventos inquietantes que ocorreram desde que as eleições de março revelaram o empate civil entre a revolução e a contrarrevolução no Chile. Igualmente perturbadora foi a recusa dos democratas-cristãos em se unir ao governo eleito e conferir a Allende poderes para reagir contra a ameaça neofascista à democracia chilena – como a esquerda havia feito no governo de Frei com o comparável *tancazo* de 1969.

Na época, o *tancazo* parecia um ato isolado de iniciativa de um oficial neofascista cujos vínculos com o movimento marginal Pátria e Liberdade eram tão próximos que, após seu fracasso, os líderes do movimento buscaram asilo político. Também parecia uma vitória do governo Allende, que demonstrava a lealdade das Forças Armadas e a coragem e competência do general Prats. Em retrospecto, foi a cena de abertura do ato final da batalha pelo Chile, cujo clímax seria o golpe militar de 11 de setembro de 1973.

O *tancazo* foi uma vitória pírrica para a revolução chilena. Na verdade, eles haviam derrotado a primeira ameaça militar contrarrevolucionária explícita ao governo Allende, com tropas leais lideradas pelo chefe do Estado-Maior. Era também verdade que os partidários civis da revolução haviam se mobilizado maciçamente em sua defesa, e que os cordões industriais e seus trabalhadores usaram a oportunidade para assumir o controle de mais empresas, de tal forma que o setor socializado excedia agora a quinhentas empresas, mais de cinco vezes o número da lista oficial da APS, um avanço revolucionário definitivo.

Mas o *tancazo* foi a rebelião de um oficial neofascista que não fazia parte do grupo de generais e almirantes que estavam conspirando contra Allende. Para eles, esse evento funcionou como uma sondagem militar, que revelou os pontos fortes e a estratégia do inimigo que tinham de ser neutralizados antes do ataque real. O *tancazo* deixou claro que o general Prats era o principal obstáculo dentro das Forças Armadas a um golpe militar. Também ressaltou que, entre os partidários civis de Allende, provavelmente era nos trabalhadores industriais e seus cordões, e nos comunistas, socialistas e guevaristas do MIR, bem como nos *pobladores*, camponeses e estudantes que os apoiavam, que a resistência a um golpe se concentraria. Durante as semanas que se seguiram, os conspiradores militares começaram a enfraquecer esses pilares da defesa da Unidade Popular para preparar as Forças Armadas para um golpe militar e para criar as condições econômicas e políticas no Chile que justificassem uma derrubada violenta do governo constitucional eleito e garantissem o sucesso da tomada do poder pelos militares.

Na busca desses objetivos, os conspiradores militares tinham instrumentos legais que poderiam empregar para preparar a derrubada ilegal do governo eleito. Um deles era a Lei de Armas, e, durante os meses de julho e agosto de 1973, os militares usaram esse poder para invadir fábricas, fazendas, universidades e favelas, frequentemente com violenta brutalidade. Encontraram poucas armas ilegais de importância, mas esses atos testaram as reações da principal base de massa de Allende aos assaltos e comandos militares, e serviram para habituar os soldados conscritos – a maioria dos quais vinha de origens sociais semelhantes às das pessoas que estavam atacando – a tratar os chilenos como eles próprios eram tratados: com brutalidade autoritária.

Os camponeses mapuche de Nicolás Ailío e as comunidades de reforma agrária da área circunjacente estavam entre suas vítimas. Em 29 de agosto, ocorreu um assalto ostensivo, combinado e de surpresa da Aeronáutica e do Exército, por helicóptero e caminhões, ao Centro de Produção Jorge Fernandez, em busca de armas.

Quebraram portas, dominaram, espancaram e torturaram ativistas, pendurando alguns pelos testículos e submergindo as cabeças de outros em água contaminada. No dia seguinte, chegaram a Nicolás Ailío e utilizaram tortura de eletrochoque para "interrogar" Hugo Ailío, um garoto de 16 anos de idade. Um dia depois assaltaram o Asentamiento Arnoldo Ríos procurando por seu pai, Heriberto, a quem acusaram de ser mirista e ideólogo, nenhuma das acusações consideradas crime na época. Heriberto só escapou porque outros membros da comunidade se recusaram a identificá-lo e seus camaradas o esconderam. Quando ocorreu o golpe, os mapuche e outras comunidades de camponeses da zona rural já estavam aterrorizados.

Nessa ocasião, grande parte do Chile já estava sob domínio militar. No final de julho, os proprietários de caminhões declararam uma nova paralisação nacional dos transportes, assinalando uma renovação da Greve de Outubro, mas em circunstâncias bem mais perigosas para a Unidade Popular. Dessa vez, além da Greve dos Patrões, do fechamento de estabelecimentos, das paralisações do trabalho profissional e da resistência ao confisco dos veículos em greve por parte do governo, houve uma disseminada violência, que incluiu tanto brigas de rua que escalaram de trocas de socos para armas de fogo, até ataques terroristas a locais fundamentais da infraestrutura do Chile – oleodutos, pontes e redes elétricas (causando terríveis blecautes) – e às casas e famílias dos líderes de esquerda. Allende foi obrigado a declarar estado de emergência nas províncias afetadas, com a autoridade transferida para o comandante militar local. Diante da greve dos transportes, ele também nomeou "interventores" militares em todas as províncias do Chile, primeiro sob o comando do general Oscar Bonilla, depois do general Herman Brady – que seriam ambos figuras de proa do golpe militar. Consideradas em conjunto, as buscas militares baseadas na lei de controle de armas e a transferência da autoridade para interventores e comandantes militares resultaram em um "golpe progressivo". Como resultado, em 11 de setembro, a maior parte do Chile já estava sob regime militar e muitos chilenos já sentiam a repressão política e os abusos de direitos pelos quais o regime militar posteriormente ficaria famoso.

Diante dessa ofensiva contrarrevolucionária – ao mesmo tempo explícita e velada –, Allende fez o melhor que pôde em uma situação de opções cada vez mais reduzidas e vantagens diminuídas (e retornos cada vez menores). No conselho de guerra, logo após o *tancazo*, em que a Unidade Popular e os líderes do governo se reuniram para planejar sua reação, Allende foi cáustico na rejeição à proposta do chefe do Partido Socialista, Carlos Altamirano, de "mobilizar as massas": "Quantas massas se igualam a um tanque?", retorquiu ele. O general Prats havia salvo Allende no *tancazo* e o presidente chileno confiava em seu comandante militar para salvá-lo no futuro. Entretanto, Orlando Letelier estava despreparado para enfrentar a hostilidade evidente dos generais com os quais se reuniu ao se tornar ministro da Defesa. Difícil também para ele era reconhecer que a Unidade Popular não tinha nenhuma ideia do que estava ocorrendo no meio militar além do que Prats lhes havia dito – e não possuía nenhuma outra estratégia além de confiar em Prats. O problema dessa estratégia não era que Prats fosse uma pessoa não confiável, mas sim o fato de que ele tinha a mesma confiança excessiva em sua capacidade de controlar as Forças Armadas, não importava quais fossem as circunstâncias, que Allende tinha em sua própria capacidade para manipular os políticos civis. Os conselheiros de Allende insistiram com ele para que usasse a rebelião do *tancazo* como uma oportunidade para desarticular a conspiração militar, dispensando seus líderes, mas Prats se opôs a isso por considerar uma manobra muito arriscada, e convenceu Allende de que poderia controlar os militares. Essa seria a última oportunidade perdida da Unidade Popular de evitar o golpe.

Em vez disso, Allende voltou a seguir a mesma política que tanto havia funcionado quanto fracassado no passado. Como em 1972, ele tentou pôr um fim à nova edição de 1973 da Greve de Outubro, trazendo para o governo as Forças Armadas e tornando Prats seu ministro da Defesa. Dessa vez isso não funcionou, pois não havia eleições à vista, e nem as associações comerciais (*gremios*) nem os partidos políticos de oposição estavam interessados em acalmar a crise. Ao contrário, queriam intensificá-la até que o Chile se tornasse ingovernável e isso provocasse e justificasse um golpe militar. Allende também continuou a buscar um acordo com os democratas-cristãos, apesar de estes se recusarem a dar-lhe os poderes de emergência que ele havia requerido em face da rebelião dos militares em junho. Com a ajuda do cardeal Raúl Silva Henríquez, Allende superou a aversão dos democratas-cristãos a novas conversas, mas seu diálogo com o presidente do partido, Patrício Aylwin, no final de julho, apenas aumentou a desconfiança de Aylwin – e a sua cumplicidade na conspiração do golpe. Em vez disso, em 22 de agosto, os democratas-cristãos se uniram aos nacionalistas na Câmara dos Deputados para aprovar uma declaração de que, devido às suas ações, o governo Allende era inconstitucional e ilegal – a declaração que os conspiradores militares exigiram para proporcionar a cobertura política para o golpe. Uma semana depois, Radomiro Tomić publicou uma carta profética, comparando os líderes do Chile a personagens de uma tragédia grega, em que *"todos saben lo que va a ocorrir, pero cada qual hace precisamente lo necesario para que suceda la desgracia que pretende evitar"* [todos sabem o que vai acontecer, mas cada qual faz exatamente o necessário para que aconteça a desgraça que se pretende evitar] (*La Nación*, 29 de agosto de 1973).

Na esteira do *tancazo*, a esquerda "revolucionária" entendeu que era necessária uma estratégia militar, não apenas uma estratégia política. Entretanto, sem o apoio do governo Allende, ela não tinha os recursos para criar um "povo armado". A alternativa era apelar para as pessoas que possuíam armas – os soldados do Exército recrutado do Chile e os partidários da esquerda nas Forças Armadas em geral. Em uma reunião em meados de julho com líderes do cordão industrial que exigiam que o governo armasse o povo, o chefe socialista Carlos Altamirano instigou os soldados, marinheiros, pilotos e policiais do Chile a se recusarem a obedecer a ordens para derrubar o governo ou atirar no povo. O MIR e os partidos da Unidade Popular agora tentavam penetrar nas Forças Armadas para conseguir informações. Não apenas era muito tarde para isso, mas também contraproducente. Como ocorreu no Brasil em 1964, essas ações permitiram à direita acusar a esquerda de politizar as Forças Armadas e destruir a disciplina militar, uma acusação que encontrou eco nos muitos oficiais militares que eram antes de tudo profissionais cuja principal lealdade era com sua instituição. Na extrema polarização política do Chile, era difícil para as Forças Armadas continuar neutras. Sua acelerada politização em meados de 1973 abriu caminho para o golpe militar.

Em agosto, somente o general Prats permaneceu entre o Chile e um golpe militar. O fato de que ele poderia impedir um golpe havia sido demonstrado durante o *tancazo*. Além disso, a hierarquia prussiana rígida do Exército chileno rezava que somente o chefe do Estado-Maior poderia liderar um golpe militar. Como resultado, os conspiradores militares concentraram seus esforços em obrigar Prats a renunciar. Prats concordou relutantemente com a solicitação de Allende de que ele e outros comandantes das Forças Armadas compusessem um novo "gabinete de segurança nacional", sabendo que isso seria impopular com seus oficiais e prejudicaria ainda mais sua possibilidade de manter o Exército fora da política. No ato final – como na Marcha das Panelas Vazias –, a direita recorreu às suas mulheres e à política de gênero. Colocou uma mulher com uma aparência masculina, cabelos curtos e traje militar em um carro ao lado de Prats gritando insultos. Achando que esse era o início de um ataque terrorista, Prats saltou do carro e sacou seu revólver, apenas para descobrir que o estava apontando para uma mulher desarmada. Não foi coincidência que jornalistas de direita estivessem naquele momento no local e fotografassem e relatassem o incidente. O constrangido comandante do Exército foi exposto ao ridículo e satirizado pela mídia direitista, além de ver minada sua imagem e prestígio públicos.

Além disso, pela primeira vez, as esposas de oficiais militares tornaram-se protagonistas da política pública. Em 21 de agosto, as esposas dos oficiais das quatro Forças Armadas protestaram diante da casa de Prats e entregaram uma carta à sua esposa, atacando-o por colaborar com o governo Allende. Prats sabia que isso havia sido orquestrado por seus maridos – e pela direita. Ele convocou uma reunião com seus generais e lhes pediu um voto de confiança. Como apenas uma pequena minoria dos generais do Chile o apoiou, Prats renunciou tanto ao cargo de ministro da Defesa como ao de comandante-em--chefe das Forças Armadas. Aconselhou Allende a indicar seu segundo em comando, general Augusto Pinochet, como seu sucessor, declarando que Pinochet era um "grande soldado" apolítico, que tinha o respeito da oficialidade e manteria o Exército afastado da política. Dezoito dias mais tarde, o governo Allende foi derrubado por um violento golpe militar liderado pelo general Pinochet.

No final de agosto, com a escalada da violência, blecautes frequentes e redes elétricas sendo explodidas, uma delegação de líderes da Juventude Comunista e Socialista reuniu-se com Allende para incitá-lo a "*darle duro a los fascistas*". Allende os ouviu com crescente impaciência. Por fim, não conseguiu mais se conter. "Vocês acham que *eu* não sei o que está acontecendo no Chile? Que são *vocês* que sabem o que está acontecendo? Vocês acham que é a Pátria e Liberdade fascista que está explodindo as torres de eletricidade? Vocês estão errados! É a Marinha chilena que as está explodindo!"

Allende sabia o que estava acontecendo. Estava claro em seu rosto exausto e sério que ele reconhecia o meio milhão de chilenos que marchou atrás dele no terceiro ano de sua eleição em 4 de setembro de 1973, gritando: "*Allende! Allende! El pueblo te defiende!*". Essa fora a maior manifestação política da história chilena, mas isso não mais importava. Na última reunião para discutir a crise, até mesmo o seu Partido Socialista o liberou para fazer o que pudesse com os democratas-cristãos. Allende estava planejando convocar o plebiscito sobre o conflito constitucional, que os democratas-cristãos haviam exigido em junho, para acalmar a crise e criar uma trégua eleitoral, como ocorreu após a Greve de Outubro. Uma rede de rádio e televisão nacional foi reservada para seu discurso à nação na noite de 10 de setembro com esse propósito, mas no último minuto foi adiada por 24 horas para resolver algumas questões técnicas e porque os democratas-cristãos ainda não haviam respondido ao plano de plebiscito de Allende. Isso se revelaria um erro final fatal. A noite do dia seguinte seria tarde demais. Allende estaria morto e um elenco composto de personagens muito diferentes usaria essa rede da mídia nacional para falar aos chilenos sobre o seu futuro político.

7. A CONTRARREVOLUÇÃO

11 de setembro de 1973 – esse outro 11 de setembro – era um dia cinzento do final do inverno no Chile. O golpe teve início com a Marinha, de madrugada, na costa. Allende foi acordado e saiu correndo de sua residência nos arredores de Santiago para La Moneda, o palácio presidencial, localizado no centro da cidade e coração simbólico da democracia política do Chile. Na manhã do dia 10, era evidente que ele estava enfrentando uma rebelião coordenada das Forças Armadas chilenas, embora os sete generais mais graduados dos Carabineros tenham preferido se demitir a trair seu juramento de lealdade. Então, a guarda dos Carabineros (polícia militarizada) foi retirada do palácio presidencial, deixando sua defesa ao GAP, "amigos" políticos de Allende que constituíam sua segurança pessoal.

Seriam cerca de doze guardas de segurança com armas pequenas contra o Exército e a Aeronáutica chilenos armados com tanques, aviões e milhares de tropas, uma luta desigual que Allende sabia que não poderia vencer. Mas ele também sabia que se renunciasse e entregasse o poder político, conferiria legitimidade ao regime militar que o sucederia, uma legitimidade que sua resistência e morte negariam a Pinochet. Com a AK-47 que Fidel Castro havia lhe dado, em que estava inscrito "A meu bom amigo Salvador, de Fidel, que por meios diferentes tenta atingir os mesmos objetivos", Allende se preparou para lutar por sua revolução. Em uma ironia final, Salvador Allende, que havia passado a vida toda tentando criar um caminho pacífico para o socialismo, seria lembrado por morrer defendendo sua revolução com uma arma na mão.

Olhando para o futuro, Allende também se preparou para se dirigir à nação pela última vez. Seria o mais breve pronunciamento político de sua longa carreira, mas também o mais comovente e o mais lembrado. Depois de acusar os líderes do golpe de traição e falsidade, Allende transmitiu sua mensagem política para sua principal base de massa: *"Ante estos hechos sólo me cabe decir a los trabajadores: No voy a renunciar!"* [Diante destes fatos só me cabe dizer aos trabalhadores: Não vou renunciar!]. Ele admitiu que não conseguiria deter o golpe: *"Tienen la fuerza, podrán avasallarnos"* [Eles têm a força, podem nos arrasar]. Mas Allende mantinha uma confiança marxista no futuro: *"No se detienen los procesos sociales ni con el crimen ni con la fuerza. La historia es nuestra y la hacen los pueblos"* [Os processos sociais não são contidos nem com o crime nem com a força. A história nos mostra e são os povos que a fazem.]. Sempre o presidente chileno e também o revolucionário socialista, Allende insistiu:

> *Tengo fé en Chile y su destino… Mucho más temprano que tarde, de nuevo se abrirán las grandes alamedas por donde pase el hombre libre, para construir una sociedad mejor. Viva Chile! Viva el pueblo! Vivan los trabajadores!*

> [Tenho fé no Chile e em seu destino… Muito antes do que se espera, de novo se abrirão as grandes alamedas por onde passará o homem livre para construir uma sociedade melhor. Viva o Chile! Viva o povo! Viva os trabalhadores!]

Na esquina oposta à rua do palácio presidencial, uma multidão de partidários de Allende, enviados para casa depois de desocuparem os prédios dos escritórios do governo que ficavam em torno da praça da Constituição, comentava que o general Prats chegaria com as tropas leais ao governo para derrotar essa rebelião, como havia feito dois meses atrás diante do *tancazo*. Quando os tanques do Exército chegaram pouco antes das 10 horas e assumiram suas posições nos cantos das ruas, com suas torres apontadas no sentido contrário a La Moneda, no que parecia uma defesa do palácio presidencial, a multidão aplaudiu. Então, lentamente, as torres giraram e apontaram para o palácio presidencial. A multidão susteve a respiração. Pouco depois das 10, a esquina tornou-se uma zona de guerra, quando os tanques começaram a disparar seus canhões em direção a La Moneda e a Juventude Socialista, colocada em torno dos prédios do governo, respondeu com pequenas armas de fogo. A batalha por Santiago havia começado. Seria um combate desigual, cujo resultado desde o início estava claro. Mas a corajosa, embora suicida, defesa do palácio presidencial contra todas as chances transformaria Allende de presidente socialista democrático em revolucionário e mártir republicano, e conduziria sua revolução chilena a um mítico e trágico fim.

Pouco depois das 11 horas houve uma trégua nos tiros, enquanto os militares tentavam convencer Allende a se render, chegando a lhe oferecer um avião para sair do país – embora agora saibamos que Pinochet havia dito a seus oficiais para matá-lo. Mas Allende dizia com frequência que a única maneira de ele abandonar La Moneda seria com os próprios pés, e ele indicou sua reação em seu último comunicado por rádio: "*Colocado en un tránsito histórico, pagaré con mi vida la lealtad al pueblo*" [Colocado numa encruzilhada histórica, pagarei com minha vida a lealdade ao povo]. Ele estava calmo, lúcido e pronto para encontrar seu destino.

Em torno do meio-dia, os jatos da Força Aérea chilena começaram a bombardear o palácio presidencial do Chile, deixando-o em chamas. Nas ruínas ardentes de seu palácio presidencial, Allende despediu-se de seus companheiros mais chegados e lhes recomendou insistentemente que se entregassem. Então, dirigiu-se ao Salão da Independência, que simbolizava seus objetivos presidenciais, e como José Balmaceda, o presidente chileno que ele mais admirava, havia feito após sua derrota por uma oposição direitista com apoio estrangeiro na guerra civil de 1891, Allende voltou sua arma contra si mesmo, privando Pinochet de seu prisioneiro político especial e negando ao seu regime militar legitimidade constitucional.

Do lado de fora, onde as tropas do Exército mantinham guarda sobre as ruínas do palácio presidencial, dos quartéis-generais da CUT chilena e do Partido Socialista, a batalha estava terminada. Mas nos arredores de Santiago, em seus cinturões industriais e nas *poblaciones* da classe trabalhadora, a resistência estava apenas começando.

Poucas fábricas resistiram ao golpe militarmente. A maioria não tinha meios nem preparo para isso. O "povo armado" da propaganda esquerdista e os dez mil cubanos e as maciças provisões de armas cubanas da propaganda direitista eram mitos. Os vigias de uma fábrica podiam ter algumas pistolas, mas apenas o pequeno corpo de segurança dos partidos políticos tinha armas pesadas, e mesmo assim não era nada parecido com a quantidade ou com o tipo de armamento pesado de que necessitariam para deter o Exército chileno. Por isso, em fábricas como a ex-Yarur, os líderes dos trabalhadores aguardavam instruções, esperando contra todas as esperanças que as unidades militares leais emergissem para salvar sua revolução, como havia acontecido dois meses antes, enquanto outros esperavam pelas armas que seus partidos haviam prometido distribuir no caso de um golpe. Quando nem forças amigas nem armas apareceram, e ficou claro que Allende estava morto e a causa militar, perdida, eles mandaram seus ansiosos trabalhadores para casa. Alguns líderes permaneceram na ex-Yarur, quer para proteger a fábrica de roubo ou danos pelos quais eles poderiam ser considerados responsáveis, quer por uma última postura de desafio revolucionário que terminou quando as tropas se aproximaram da fábrica e os líderes mais revolucionários da ex-Yarur pularam o muro e partiram para a clandestinidade.

Mesmo entre as fábricas mais revolucionárias e os cordões industriais mais combativos, poucos resistiram ao golpe militar. A ex-Sumar, no entanto, foi exceção. Ali, um grupo de trabalhadores socialistas combativos foi reforçado pelo aparelho de segurança do partido, que se recolheu na fábrica Sumar Polyester após uma reunião nas proximidades da fábrica Indumet dos altos líderes dos socialistas, comunistas e do MIR, que tentaram coordenar a resistência após a perda do centro da cidade para as Forças Armadas. Foi uma reunião que demonstrou a falta de preparo até mesmo dos esquerdistas que haviam sido advertidos do perigo de um golpe há muito tempo e de maneira ostensiva: Miguel Enriquez disse que em duas horas o MIR só conseguiria juntar cinquenta combatentes devidamente armados. Havia rumores de que os comunistas poderiam conseguir muitos mais, mas que não estavam dispostos a arriscar seus partidários em um combate desigual com as Forças Armadas, preferindo partir para a clandestinidade. Somente os socialistas estavam preparados para combater com as forças que tinham, que incluíam um bom número de metralhadoras, e propuseram atacar um acampamento militar para conseguir pegar armas que lhes permitissem atacar La Moneda e resgatar Allende, um plano que revelou como era ingênua sua percepção da situação.

Da Sumar, onde haviam atingido um helicóptero com pequenas armas de fogo, os socialistas se retiraram para La Legua, uma *población* de classe baixa famosa por ser um paraíso para pequenos criminosos, mas também com uma forte organização comunista. Foram os comunistas de La Legua que resgataram os socialistas e os trabalhadores da Sumar quando estes resistiram juntos ao avanço dos Carabineros na *población*. Um militante usou uma bazuca para neutralizar o obus de um Carabinero, enquanto outros atacavam a polícia com revólveres do alto dos telhados, e os moradores de La Legua pararam uma ambulância da polícia. A "batalha" de La Legua seria o ato mais bem-sucedido de resistência popular ao golpe militar. E seria brutalmente punido nos dias que se seguiram. Mas La Legua não foi o único alvo de repressão e vingança dos militares.

A maioria dos chilenos – incluindo aqueles que defendiam o golpe – esperava uma breve "*dictablanda*", não uma "*dictadura*". Afinal, esse havia sido o padrão no passado, nas raras ocasiões em que os militares tomaram o poder. A visão geral era a de que os militares poriam um fim à violência civil, acalmariam o conflito social, restaurariam a estabilidade econômica e política e depois devolveriam o governo aos civis, como o ex-presidente democrata-cristão Eduardo Frei. No entanto, essa ilusão desapareceu na própria noite do golpe, quando os quatro líderes das Forças Armadas, que compreendiam a nova junta do governo, falaram à nação pela televisão. Eles não somente justificaram seu golpe como tendo salvo o país do comunismo, mas definiram sua tarefa como "extirpar o câncer comunista" da política e reverter os cinquenta anos anteriores da história chilena – o que significava reverter não apenas a revolução socialista de Allende, mas também as reformas da Aliança para o Progresso dos democratas-cristãos, o Estado de bem-estar social da Frente Popular, e até mesmo a introdução da política democrática de massa de Arturo Alessandri. No dia seguinte, suspenderam a Constituição chilena, fecharam o Congresso, baniram todos os partidos de esquerda e suspenderam até mesmo os partidos do centro e da direita, que haviam apoiado o golpe. Foi estabelecida uma censura rígida da imprensa e dos meios de comunicação, e foram proibidas eleições de qualquer tipo em qualquer instituição, até mesmo em clubes esportivos de adolescentes, assim como reuniões de mais de três pessoas sem permissão da polícia. Foi declarado estado de sítio e determinado um rígido toque de recolher. O Chile, a democracia modelo da região, famosa por suas diferentes visões políticas e liberdade de expressão e de imprensa, da noite para o dia tornou-se uma ditadura militar e um Estado policial.

A ditadura de Pinochet não seria "nem branda nem breve". Seu governo autoritário e Estado de terror durariam mais de dezesseis anos. Suas vítimas incluiriam famosos e anônimos. Incluiriam presidentes, como Salvador Allende e Eduardo Frei; ministros do governo, como José Toha e Orlando Letelier; generais, como Alberto Bachelet e Carlos Prats; e artistas e intelectuais, como o famoso autor de canções Victor Jara e o prêmio Nobel Pablo Neruda. As vítimas não foram apenas esquerdistas como Allende, mas também democratas-cristãos que apoiaram o golpe, como Frei, e também o vice-presidente, Bernardo Leighton, e o principal líder sindical, Tucapel Jimenes. Mas a maior parte das vítimas do Estado de terror de Pinochet foram jovens desconhecidos – trabalhadores, camponeses e *pobladores* – que ousaram resistir à ditadura ou foram considerados capazes de organizar uma resistência ao governo.

Jamais conheceremos os números precisos dos presos, torturados e executados pela contrarrevolução. Após a restauração da democracia, Comissões da Verdade Oficiais documentaram que pelo menos 3.178 pessoas foram executadas ou desapareceram (e portanto foram consideradas mortas), e pelo menos 28 mil foram torturadas, embora os números de presos e interrogados provavelmente tenham excedido os cem mil, e quase todos esses prisioneiros tenham sofrido algum tipo de tortura.

As torturas mais comuns eram os choques elétricos, desenvolvidos pela ditadura brasileira alguns anos antes.* As mulheres foram selecionadas para torturas sexuais especiais, desde choques elétricos em seus seios e genitália e repetidos estupros, até a introdução de ratos e insetos em suas vaginas. Todas as prisioneiras cujos casos foram investigados pela Comissão da Verdade Oficial de 2003, liderada pelo bispo Valech, foram vítimas de violência sexual (não importa quão jovens ou velhas fossem na época, incluindo as que estavam grávidas).

No início, a violência contrarrevolucionária foi dirigida a qualquer um que se atrevesse a resistir ao golpe – como aconteceu na fábrica Sumar e na *población* La Legua. Mas mesmo no início da ditadura, listas de "subversivos" que deveriam se entregar eram lidas no rádio e os chilenos eram estimulados a denunciar anonimamente os suspeitos de serem "subversivos". Os líderes de esquerda que se entregaram terminaram nas câmaras de tortura de Santiago ou nos campos de concentração

---

* Em uma coletiva de imprensa após o golpe, encontrei um oficial brasileiro do DOPS que me disse ter sido emprestado aos militares chilenos para lhes ensinar técnicas de interrogatório. Quando lhe perguntei o que havia ensinado a seus alunos, ele respondeu: "Nós, brasileiros, somos cirurgiões. Esses chilenos são açougueiros".

da ilha Dawson, na Antártida, ou nos desertos causticantes de Pisagua ou Chacabuco. Muitas autoridades da Unidade Popular receberam sentenças de prisão emitidas por tribunais militares por atos políticos que não eram considerados crimes quando foram cometidos. Mas a ira de Pinochet não se satisfez nem mesmo com esse extravio militar da justiça. Então, enviou um grupo de seus oficiais para as províncias para rever e aumentar essas sentenças, no que se tornou conhecido como a "Caravana da Morte". Em muitos casos, eles ordenaram execuções em massa que foram realizadas de imediato, e depois cinicamente encobertas por relatórios falsos que diziam que o prisioneiro fora abatido tentando escapar. Aqueles denunciados por seus vizinhos (com frequência por vingança pessoal) ou capturados nos *allanamientos* (batidas policiais) que se seguiram ao golpe foram levados para os estádios esportivos, onde foram interrogados, torturados e às vezes executados. A vítima mais famosa foi o compositor Victor Jara, cuja execução pública no Estádio Chile enfatizou a ira dos militares pela revolução cultural esquerdista que ele simbolizava. Os assassinatos públicos prosseguiram por semanas após o golpe, principalmente de jovens de classe baixa das favelas, cujos corpos foram encontrados boiando no rio, com frequência com as mãos amarradas às costas, com múltiplos ferimentos de bala, e às vezes sem as cabeças.

Na verdade, a repressão foi ainda pior na zona rural, onde não havia imprensa estrangeira e se contava com menos testemunhas. Na Nehuentúe Mapuche, a repressão chegou *antes* mesmo do golpe, quando o Exército e a Aeronáutica se uniram para assaltar ostensivamente o centro de reforma agrária e as cooperativas locais em busca de armas ilegais e aterrorizar a população, espancando e torturando ativistas e depois acobertando o fato ao espalhar relatos falsos de extremistas de esquerda com armas e bombas. Nehuentúe era um símbolo da revolução, e por isso um alvo da vingança da direita, como também Neltume, duzentos quilômetros ao sul, onde um ataque de esquerdistas a um posto policial logo após o golpe desencadeou uma repressão maciça, em que dezenas de camponeses e trabalhadores foram detidos, e muitos executados em uma zona onde o MIR estava tentando formar uma força de guerrilha.

Depois do golpe, no entanto, os camponeses das áreas rurais que não estavam nas áreas do MIR e não eram membros das guerrilhas também foram visados. Na sulista Chihuío, as forças de segurança do Estado permitiram que um proprietário de terras local matasse com uma faca os líderes camponeses que ele considerava responsáveis pela expropriação de parte da sua terra (*fundo*), revelando tanto a cumplicidade dos militares e da direita civil em muitos desses massacres quanto seu caráter contrarrevolucionário, como uma vingança contra a revolução que havia tentado remodelar o Chile rural nos anos precedentes. Em outubro de 1973, em Mulchén, área rural no sul do Chile, perto de Concepción, dezoito camponeses foram capturados em três fundos por uma força conjunta do Exército, da polícia e de civis de direita. Esses camponeses foram torturados e massacrados, e seus corpos, deixados para ser devorados pelos animais selvagens da região e cães dos proprietários de terras locais. Em Paine, próximo de Santiago, setenta membros de uma população de duas mil pessoas foram executados ou desapareceram, a maior porcentagem no país. Mais vergonhosamente ainda, nos "fornos de Lonquén", fornalha de uma mina abandonada nas montanhas de Santiago, foram encontrados em 1978 quinze corpos torturados de camponeses que haviam sido levados pelos militares em outubro de 1973 e nunca mais foram vistos por suas atormentadas famílias. As razões para sua detenção, tortura e execução jamais foram satisfatoriamente explicadas, mas a história revelada quando os corpos foram descobertos enfatizava a suposta ameaça de extremistas e lendários brasileiros e cubanos de esquerda.

Mesmo depois de terminada a resistência ativa ao golpe e de consolidada a ditadura, sua campanha de terror continuou. Em dezembro de 1973, um oficial chileno se aproximou de mim em uma coletiva de imprensa e me disse que estavam saindo da "*matanza massiva*" (assassinato em massa) para a "*matanza selectiva*" (assassinato seletivo). Hoje está claro que essa fala cínica referia-se à formação, por Pinochet, da Direção de Inteligência Nacional (DINA), que a inteligência militar dos Estados Unidos chamava de "Gestapo Chilena". A violência contrarrevolucionária passou ao que mais tarde descobriu-se terem sido mais de mil câmaras de tortura secretas. Uma das mais famosas foi Villa Grimaldi, uma antiga mansão luxuosa para onde a DINA levava comunistas, socialistas e miristas nos anos subsequentes ao golpe, mantinha-os com os olhos vendados e em condições subumanas, torturava-os selvagemente, e depois dava fim a seus corpos. A atual presidente do Chile, Michelle Bachelet, foi uma das sobreviventes de Villa Grimaldi.

Por que o Estado de terror continuou mesmo depois que a resistência fora derrotada e o regime, consolidado? Em parte, para impedir que a esquerda montasse uma resistência política. E em parte, pela paranoia do Estado de segurança, que tinha sua própria lógica interna e precisava de ameaças subversivas para justificar sua declaração de "guerra interna" e a restrição das liberdades civis. Os alvos eram agora os partidos políticos clandestinos e os movimentos da esquerda, bem como os líderes trabalhadores, camponeses, *pobladores* e estudantis que podiam organizar uma resistência, e os intelectuais, cujas ideias eram consideradas subversivas por Forças Armadas culturalmente atrasadas e intelectualmente rígidas e direitistas.

Mas esse Estado de terror também foi uma violência contrarrevolucionária – para impedir a resistência à contrarrevolução econômica e social que a ditadura estava prestes a iniciar, começando com a privatização das fábricas e fazendas que haviam sido confiscadas por seus trabalhadores e incorporadas ao setor público durante o governo Allende. Antes do golpe, cerca de quinhentas empresas – desde bancos até fábricas – que haviam sido incorporadas ao setor público pela Área de Propriedade Social e Mista (APS) estavam sendo dirigidas por administradores do governo usando poderes de decreto Executivo ou foram confiscadas pelos próprios trabalhadores. Durante as semanas, meses e anos que se seguiram ao golpe, quase todas essas empresas foram privatizadas. As que foram tomadas por seus trabalhadores e sofreram "intervenção" do governo Allende por meio de poderes executivos questionáveis, foram devolvidas aos seus antigos proprietários, que tiveram de assumir as dívidas contraídas durante a revolução. As empresas que haviam sido adquiridas pelo governo Allende foram privatizadas, com frequência por um valor muito menor que o seu valor real, em vendas em que as conexões, em geral, contavam mais que o capital. Uma segunda onda de privatizações durante a década de 1980 foi além das nacionalizações da era Allende e privatizou estatais de períodos anteriores, incluindo serviços públicos, como energia elétrica e telefonia.

A privatização significava mais que uma transferência de posse. Era uma contrarrevolução no local de trabalho. A ex-Yarur, uma das empresas mais bem-sucedidas da área de propriedade social, foi um bom exemplo. Depois do golpe, seus trabalhadores retornaram a uma fábrica patrulhada por soldados armados e administrada por um coronel do Exército. As paredes com *slogans* políticos foram repintadas, e as faixas e os cartazes da era revolucionária, retirados. A inteligência do Exército interrogou cada trabalhador individualmente e tentou fazer com que delatassem seus colegas, cerca de 10% dos quais foram demitidos por razões políticas. A participação dos trabalhadores na administração da empresa, desde o chão de fábrica até a sala da diretoria, foi imediatamente encerrada, substituída por uma administração autoritária e centralizada, que buscava tanto vingança quanto disciplina e eficiência. Em uma última demonstração de consciência coletiva, os trabalhadores da Yarur tentaram manter uma alta produtividade para evitar o retorno da fábrica a seu odiado proprietário. Tudo em vão. Em janeiro de 1974, os militares devolveram a empresa a Amador Yarur, que continuou o expurgo político que o Exército havia iniciado e reimpôs a administração autoritária que havia sido a marca registrada da Yarur antes da revolução chilena.

Nessa mesma época, a junta militar permitiu que os preços dobrassem, mas congelou os salários, realizando um corte de 50% nos salários reais e reduzindo muitos trabalhadores chilenos a uma dieta de pão, chá e cebolas. A escassez dos bens de consumo terminou, uma vez que a maioria dos chilenos estava privada do rendimento necessário para comprar qualquer coisa além dos produtos mais básicos. Os sindicatos dos trabalhadores do Chile perderam seu poder de proteger os padrões de vida e as condições de trabalho de seus membros. Os militares expurgaram seus líderes e ativistas e substituíram a democracia pela gerontocracia, proibindo as eleições sindicais e indicando os trabalhadores mais antigos para dirigir os sindicatos, que foram reduzidos a associações de auxílio mútuo e de serviço funeral – revertendo não apenas o aumento expressivo no poder dos trabalhadores durante a revolução, mas também as "conquistas" de décadas de luta.

Na zona rural, os camponeses e os trabalhadores rurais não tiveram um destino muito melhor sob o governo militar. Em todo o Chile, a reforma agrária foi substancialmente revertida. As fazendas que haviam sido ocupadas por seus trabalhadores ou por pessoas de fora, ou que não conseguiram superar todos os procedimentos legais ou foram consideradas injustificadamente expropriadas, foram devolvidas aos seus antigos proprietários. Mas mesmo nos casos em que o novo dirigente democrata-cristão da CORA, Hector Jensen, decidiu não devolver uma propriedade, as novas redes contrarrevolucionárias com frequência substituíram seus critérios técnicos e legais e se esquivaram da sua autoridade. O Fundo Rucalán foi um bom exemplo das novas redes contrarrevolucionárias: quando a CORA resistiu à sua devolução, seu antigo proprietário, Juan Landarretche, recorreu a seu irmão, um coronel da polícia, que lhe conseguiu uma entrevista com o general Cesar Mendoza, comandante dos Carabineros e um dos membros da junta militar. Sua propriedade foi rapidamente devolvida.

A REVOLUÇÃO DE PINOCHET

Mas nem todas as ações da ditadura de Pinochet representaram um retorno ao passado. À medida que o tempo passava, ficava cada vez mais claro que muitas das iniciativas do regime militar representavam algo novo para o Chile. Juntas, elas correspondiam ao que os porta-vozes de Pinochet chamariam de uma "revolução de direita", em que eles determinaram mudar os padrões passados, incluindo os da própria direita econômica e política. Entretanto, o fato de o regime de Pinochet se sentir impelido a definir seu projeto nacional como uma "revolução" chilena, era um tributo irônico ao poder continuado da revolução chilena de Allende como um ideal. Como resultado, a primeira década que se seguiu ao golpe seria uma competição entre a "nossa" revolução e a revolução "deles" (VALDIVIA et al., 2006).

Essa "revolução" de direita teria dimensões tanto políticas quanto econômicas, e ambas teriam efeitos sociais e culturais profundos. A mais conhecida e mais debatida foi a revolução econômica "neoliberal". Diferentemente de outros regimes militares da época, a junta do Chile assumiu o poder sem um modelo econômico que pretendia implementar. Durante os primeiros anos do regime, seguiu as políticas conservadoras, mas gradualistas, preferidas das elites econômicas do país, o que significava pouca mudança na estrutura econômica do Chile (exceto no caso das privatizações) e um retorno às políticas do passado. Mas quando estas fracassaram na restauração do crescimento econômico e no fim da hiperinflação, Pinochet optou, entre 1975 e 1976, pelo "tratamento de choque" neoliberal prescrito pelos já mencionados Chicago Boys, um grupo de jovens economistas chilenos que haviam estudado na Universidade de Chicago com Milton Friedman e abraçavam seu "neoliberalismo" ultracapitalista, com sua oposição à nacionalização ou regulação das iniciativas econômicas, serviços sociais, mercados de capital ou transações comerciais – e sua fé quase mística na mágica do mercado. Como a ditadura de Pinochet, os Chicago Boys eram agressivos, ideológicos e autoconfiantes, dispostos a impor remédios cruéis ao povo chileno "para seu próprio bem" e prontos para romper com o passado e criar um Chile "moderno", em que uma revolução socialista jamais poderia voltar a ocorrer.

O "remédio" econômico cruel incluía uma drástica redução nas tarifas de uma média de 94% em 1973 para 10% em 1979, pondo fim à proteção que permitia às indústrias de substituição de importações do Chile sobreviver à competição externa. O gasto público foi reduzido à metade de seus níveis de 1973, como uma porcentagem do PIB, e várias outras empresas foram privatizadas. Os preços foram liberados e tanto os bancos quanto os mercados de capital saíram do controle governamental. De início, os resultados do "Programa de Recuperação Econômica" foram mais negativos do que positivos, conduzindo a uma dramática desindustrialização e a uma profunda recessão com alto nível de desemprego e inflação alta. Mas em 1981, as exportações foram recuperadas, impulsionando o crescimento do país para 8% ao ano, a inflação baixou para um único dígito e o investimento estrangeiro aumentou. Embora grande parte desse investimento fosse especulativo, o nível de desemprego continuasse alto, a maior parte do crescimento econômico se devesse à recuperação da recessão e seus benefícios fossem desigualmente distribuídos, os defensores de Pinochet o chamaram de "milagre econômico", e Sergio de Castro, seu czar econômico neoliberal, previu que dentro de uma década o Chile faria parte do "Primeiro Mundo". Mas 1981 seria o ponto alto de sua revolução neoliberal.

Nessa época, o regime militar havia imposto um novo código de trabalho em prol dos negócios, que limitava a organização dos trabalhadores e a barganha coletiva, acabava com a segurança no emprego e com o direito à greve, eliminava a participação do trabalhador na administração e revertia os ganhos do trabalhador, conquistados em décadas de luta, além de estabelecer a "flexibilidade" administrativa no uso de sua força de trabalho e enfraquecer a regulação pelo Estado das condições de trabalho. Essas novas leis trabalhistas foram as mais importantes das chamadas "Sete Modernizações", planejadas para estender a revolução neoliberal à sociedade chilena. O "Plano Trabalhista" era complementado pela privatização da seguridade social e do atendimento médico, e também por uma crescente privatização da educação. A descentralização da responsabilidade pela educação e por outros serviços públicos, em que era delegado às municipalidades poder suficiente, mas recursos insuficientes, que privilegiavam as municipalidades mais ricas e penalizava as pobres, também refletiam princípios neoliberais, assim como a tendência do regime de combinar princípios econômicos a objetivos pragmáticos. A descentralização da educação, por exemplo, minava o poder do esquerdista sindicato nacional dos professores e ajudava o regime a fazer um expurgo nos professores, nas bibliotecas e nos currículos escolares. A reforma judicial permitia que o regime indicasse um grande número de juízes que compartilhassem de sua política, enquanto liberalizava as regras de evidência para facilitar as condenações de seus inimigos.

Mais abrangente ainda foi a modernização da agricultura chilena, que transformou um padrão extremamente ineficiente de agricultura mista em grandes propriedades voltadas para o consumo local, em uma moderna e eficiente agricultura de exportação, intensiva, concentrada na produção de frutas para mercados específicos no exterior. A ironia é que essa moderna agricultura de exportação que a junta reivindicava como sendo um de seus sucessos econômicos foi desenvolvida na base rural estabelecida pela reforma agrária nos governos de Frei e Allende, que acabavam com as grandes e ineficientes extensões de terra que dominaram durante séculos o Chile rural. Isso permitiu a Pinochet dividir essas terras entre os camponeses, que foram então obrigados a vendê-las, nas crises econômicas causadas pelos remédios neoliberais, a compradores que frequentemente eram homens de negócio bastante conhecedores dos mercados internacionais. Tal modernização da agricultura chilena provocou uma revolução social rural quando as novas empresas de embalagem começaram a empregar as mulheres da zona rural, que tradicionalmente não trabalhavam fora de casa nem saíam sozinhas à noite, obrigando-as a longas jornadas de trabalho que terminavam muito depois da meia-noite (o que com frequência conduziu a uma maior igualdade entre os gêneros, mas também a uma desintegração familiar).

Mas a agricultura não foi a única área da revolução econômica neoliberal dependente das revoluções estatistas que a precederam. A administração florestal, outra história de sucesso neoliberal, foi outro exemplo. Na verdade, o regime de Pinochet estava colhendo os frutos plantados durante os governos de Frei e Allende e privatizando os complexos florestais que sua reforma agrária e suas políticas desenvolvimentistas haviam criado, o que em 1973 tornou o Estado o maior proprietário e administrador dos empreendimentos florestais do Chile, muitos deles altamente lucrativos. O regime de Pinochet privatizou esses empreendimentos do Estado e com frequência os vendeu abaixo do seu valor de mercado a chilenos bem relacionados, alguns dos quais depois os revenderam para corporações estrangeiras.

A mineração foi outro exemplo das relações complexas entre as revoluções da direita e da esquerda. A Codelco, corporação estatal de mineração de cobre, foi formada para administrar as minas nacionalizadas pelo voto unânime do Congresso durante o governo da Unidade Popular. Embora o regime militar tenha aberto novas minas para o investimento estrangeiro privado, não privatizou as imensas minas de cobre de propriedade do Estado quando privatizou outras empresas nacionalizadas na era Allende na década de 1970, nem durante a segunda onda de privatizações de empresas estatais na década de 1980. Por isso, em 1990, a nacionalização da marca registrada de Allende – as gigantescas minas de cobre do país que em 1973 eram responsáveis por dois terços das exportações do Chile – permaneceu no setor público, um reflexo do sentimento nacionalista no Exército e fruto de um decreto designando 10% das vendas da Codelco às Forças Armadas. Como resultado, mesmo *depois* da "revolução" econômica neoliberal de Pinochet, a maior empresa do Chile permaneceu pública, e uma parcela ainda maior da economia do Chile – esse modelo de neoliberalismo latino-americano – estava sob o controle do Estado, tanto ou mais que na Suécia, o bastião do socialismo democrático europeu.

Na realidade, apesar da ideologia e da propaganda neoliberais, sob o governo Pinochet, o Estado chileno continuava a moldar as oportunidades e lucros econômicos capitalistas, garantindo a coerção da mão de obra e a concentração da riqueza e da propriedade em um pequeno número de grupos financeiros de base familiar com boas conexões políticas. Apesar da revolução econômica neoliberal, o acesso ao Estado continuou sendo fundamental para o sucesso empresarial.

A "revolução" política de Pinochet não é tão conhecida, mas reformou a política chilena. Foi marcada pela dissolução do Partido Nacional, em si uma fusão dos Partidos Conservador e Liberal, os dois partidos tradicionais da direita aristocrática e oligárquica. Com eles se foi uma direita que se tornou cada vez mais defensiva na época da reforma democrática cristã e da revolução socialista, uma direita que dependia da negociação e do compromisso para defender seus principais interesses. Cada vez mais, o *gremialismo*, o movimento da direita estudantil católica contra a revolução chilena de 1970-1973, assumiu o seu lugar. Forjada na luta extraparlamentar contra Allende, em sua grande parte ocorrida nas ruas, esta "nova direita" era agressiva, autoconfiante, ideológica e confrontadora. Os gremialistas valorizavam a mobilização social, mas no contexto de um regime militar cujo objetivo era a desmobilização e a despolitização da sociedade chilena, enfatizavam o lado corporativista da sua ideologia, usando a descentralização e a assistência social autoritária do regime para criar vínculos com os setores populares. Autoconscientemente "modernos" – embora para seus inimigos parecessem mais uma espécie de fascistas atualizados –, os gremialistas contestavam até mesmo a base popular de esquerda entre os pobres urbanos. Seus esforços, juntamente com a repressão implacável e a assistência social do regime, foram destinados a proporcionar à direita a base popular que ela jamais tivera.

Foi uma base criada para um neopopulismo de direita e destinada a criar um apoio popular para Pinochet, começando com o referendo de 1980 sobre sua Constituição autoritária, que carregava a marca forte de Jaime Guzmán, ideólogo do gremialismo e estrategista político de Pinochet. Essa Constituição autoritária representava a institucionalização do projeto da ditadura de "reedificação nacional" sobre princípios diferentes dos da democracia chilena que haviam conduzido à revolução socialista de Allende.

No fundo, a Constituição de 1980 de Pinochet criou uma "democracia protegida" – protegida pelas Forças Armadas de seu próprio povo e de suas escolas democráticas. Os direitos civis eram limitados pelas exigências de segurança nacional, e as Forças Armadas foram transformadas nos árbitros da segurança nacional. Nessa democracia tutelar, os militares seriam envolvidos tanto em funções administrativas quanto legislativas. As Forças Armadas controlavam o poderoso Conselho de Segurança Nacional, participavam dos Conselhos de Desenvolvimento Regional que indicavam os prefeitos locais e designavam ex-comandantes como candidatos ao Senado. Na verdade, a Constituição legitimava a permanente militarização da política chilena.

Outros artigos da Constituição foram criados para excluir a esquerda da participação política e para romper com os vínculos entre os partidos de esquerda e os sindicatos. Outros artigos, ainda, institucionalizavam a revolução econômica e social neoliberal. Ironicamente – porque a Constituição foi feita sob medida para Pinochet –, ela estabelecia uma presidência ainda mais forte do que a revolução de Allende teria possibilitado. Também dificultou extremamente a realização de qualquer emenda constitucional. A nova Constituição foi "ratificada" por um referendo nacional deturpado pelo medo e pela fraude, mas que permitiu a Pinochet e seus partidários reivindicar legitimidade à sua "revolução".

Entre 1980 e 1981, a ditadura de Pinochet estava vivenciando o sucesso. Havia conseguido a ratificação de sua Constituição autoritária e assegurado a institucionalização de sua "revolução" de direita na política e na sociedade chilenas. A vitória de Ronald Reagan sobre Jimmy Carter nas eleições para a Presidência dos Estados Unidos substituiu um inimigo por um aliado em Washington. Além disso, o alto crescimento econômico do Chile, com uma inflação mais baixa e um grande influxo de capital estrangeiro, fez sua "revolução" econômica neoliberal parecer um enorme sucesso.

As aparências mostraram-se enganosas. Findo o ano de 1981, todo essa falsa explosão neoliberal começou a desmoronar como um castelo de cartas, e a ditadura de Pinochet passou a enfrentar protestos de massa que evocaram lembranças nos observadores da revolução chilena – e iniciaram a prolongada transição do Chile para a democracia.

A transição para a democracia e o legado da revolução

Durante a década seguinte ao golpe, o legado da revolução chilena permanecia forte em sua principal base de massa – os trabalhadores industriais e os *pobladores* –, apesar de todos os esforços da ditadura para destruir esses vínculos e reprimir essa memória, mantendo viva a chama da resistência que dez anos depois iria desencadear os protestos sociais que começaram a transição de volta à democracia. Como aconteceu com a própria revolução, essa resistência emergiu primeiro entre os trabalhadores do Chile. Entre os anos de 1977 e 1978, com o presidente Jimmy Carter enfatizando os direitos humanos, colocando o regime na defensiva, os trabalhadores de vários setores econômicos estratégicos iniciaram ações no trabalho que variavam desde o absenteísmo e protestos na cantina, até greves de fome e paralisações de trabalho. Ao mesmo tempo, em nível nacional, após a banição da antiga CUT chilena, novas organizações de trabalho do centro e da esquerda coordenaram esses protestos e criticaram as políticas econômicas do regime, primeiro em competição uma com a outra, mas cada vez mais em uma colaboração que finalmente levaria à sua fusão em um movimento trabalhista de centro-esquerda que criaria uma nova CUT chilena em 1988.

De 1979 a 1981, as novas leis trabalhistas do novo regime podiam ser em prol dos negócios e destinadas a dificultar a organização dos trabalhadores e impossibilitar as greves, mas também criaram um espaço legal do qual os trabalhadores do Chile se aproveitaram: a ditadura podia decretar que as eleições sindicais fossem realizadas em três dias e que nenhum trabalhador que tivesse ocupado um cargo sindical durante a revolução chilena pudesse se candidatar, mas os trabalhadores conseguiram indicar e eleger candidatos que podiam ter menos experiência, mas que compartilhavam a mesma política e a mesma militância. Com base em seu papel fundamental na revolução, os trabalhadores têxteis e os mineiros com frequência lideraram o caminho, fornecendo líderes para as organizações e exemplos de base a ser imitados. Os trabalhadores têxteis da Panal organizaram uma combativa comemoração do Dia do Trabalho em 1981 e sustentaram uma greve que durou o limite legal de 59 dias. A ditadura respondeu interrompendo a greve, fundindo a Panal com duas fábricas falidas da Yarur em uma nova empresa, a Machasa, que fechou a Panal, demitiu a maioria de seus trabalhadores e distribuiu seu maquinário e trabalhadores especializados entre as outras fábricas da Machasa.

Entretanto, quando a Machasa faliu, na crise de 1982, e tentou fechar suas fábricas remanescentes, os trabalhadores tomaram as ruas em demonstrações que se baseavam na sua experiência durante a revolução e exigiram que a ditadura neoliberal de Pinochet reassumisse a administração estatal da Machasa e mantivesse suas fábricas abertas e seus empregados trabalhando. Apesar das táticas de mobilização de massa que lembravam muitas da Unidade Popular, e de uma demanda por uma intervenção econômica do Estado que ecoava a era Allende, eles não foram reprimidos e, além disso, tiveram suas demandas satisfeitas e mantiveram seu local de trabalho e seus empregos. Em grande parte, todavia, o sucesso surpreendente dos trabalhadores da Machasa em 1982 e 1983 refletiu o colapso da falsa explosão neoliberal na maior crise econômica do Chile desde a Grande Depressão da década de 1930, em que a economia *encolheu* 14% em dois anos, as falências dispararam (incluindo 45% das empresas têxteis do país) e mais de um terço da força de trabalho ficou desempregada ou passou a viver à base de programas de trabalho *pro forma* do Estado, que pagavam um dólar por dia.

Diante da adição do desastre econômico à repressão política e às políticas sociais regressivas, os trabalhadores do Chile explodiram em protestos, nos quais ressoou a sua experiência de uma revolução democrática. Os trabalhadores das minas de cobre lideraram o movimento em 1983, convocando paralisações de trabalho mensais e protestos sociais que evocavam uma reação disseminada em toda a sociedade – e não apenas entre os trabalhadores. Muitos da classe média se uniram aos protestos batendo nas mesmas panelas vazias em que um dia bateram para exigir o fim da revolução chilena, e muitos dos antigos líderes democratas-cristãos deram seus primeiros passos para a formação de uma oposição aberta a Pinochet. Mas logo ficou claro que as tropas de choque dessa rebelião eram os jovens desempregados das favelas, onde o legado da revolução chilena permanecia forte.

Apesar da severa repressão durante os anos seguintes aos golpe, em Santiago, *poblaciones* como La Legua continuaram uma resistência que iria florescer nos movimentos sociais da década de 1980 e explodir nos protestos sociais de 1983 e 1984. Ali, padres operários, como Mariano Puga, que foram ativos no movimento Cristãos pelo Socialismo durante a era Allende, deram cobertura às forças fragmentadas da esquerda, reconstruíram redes sociais e formaram uma nova geração de ativistas imbuídos das mensagens revolucionárias da Teologia da Libertação.

A Igreja também trabalhou com as mulheres das *poblaciones*, muitas das quais haviam perdido seus homens para a repressão, ou cujos maridos haviam perdido seus empregos em virtude do tratamento de choque e da crise econômica neoliberais. Com a ajuda da Igreja, as famílias dos presos e desaparecidos políticos formaram organizações de direitos humanos e começaram a pressionar por informações sobre seus entes queridos, apresentando pedidos de *habeas corpus* que nunca eram respondidos ou tecendo suas histórias em tapetes de parede feitos de sacos de aniagem que eram ao mesmo tempo uma fonte de renda, uma terapia e uma forma de propaganda política.

Além disso, sob essa proteção da Igreja, o Partido Comunista clandestino e o MIR se reagruparam como movimentos de resistência política, apesar dos esforços da ditadura para destruir os vínculos entre as organizações políticas de esquerda e suas bases sociais populares. Mesmo onde a repressão obteve sucesso isolando os ativistas locais de sua organização nacional, a cultura política moldada durante a revolução continuou a informá-los e guiá-los. Ube Torres, por exemplo, a quem o MIR ensinou a se organizar em seu acampamento durante a era Allende, colocou essas habilidades para o bom uso social e político, quando seu marido perdeu o emprego e sua família não tinha nada para comer. Com base na antiga tradição trabalhista chilena da "*olla común*" (sopa coletiva) durante uma greve, ela liderou a formação de uma *olla común* em sua *población*, onde as famílias juntavam sua pobreza em pelo menos uma refeição nutritiva por dia para seus filhos. A organização da *olla* também se tornou o pilar de um movimento social que foi de implícita a explicitamente político durante a transição para a democracia na década de 1980, baseando-se na revolução e em seus quadros. Muitos desses antigos quadros eram trabalhadores desempregados que haviam vivenciado o poder e a organização dos trabalhadores da época da Unidade Popular, e haviam criado seus filhos adolescentes em um molde similar.

Todas essas influências se uniram na aguda crise econômica e social da década de 1980 para inspirar e organizar um maciço e violento movimento de jovens que se iniciou como um protesto contra a profunda crise econômica e social criada pelas políticas neoliberais da ditadura e por sua carência de uma rede de segurança social. Essa rebelião de jovens logo se converteu em um movimento que exigia o fim da ditadura de Pinochet e a restauração da democracia. Jovens empobrecidos passaram a desafiar as tropas de Pinochet atrás de barricadas flamejantes de pneus em chamas e correndo pelas ruas de Santiago, gritando: "*Y va a caer!*" ("Ele vai cair!").

Pinochet, no entanto, não caiu em 1983. Em vez disso, sacrificou seu czar econômico neoliberal, reabilitou os partidos políticos do centro e da direita e se ofereceu para negociar com seus líderes, arrastando as negociações até a economia melhorar e os protestos sociais se diminuírem. A Igreja patrocinou uma Assembleia Cívica em uma tentativa de manter a oposição democrática concentrada em torno de democratas-cristãos e socialistas moderados, mas foi o Partido Comunista clandestino que organizou o movimento seguinte. Em 1980, em resposta ao tratamento brutal de seus líderes capturados, ao sucesso da revolução sandinista na Nicarágua e à autocrítica de seu fracasso em se preparar para o golpe, o Partido Comunista do Chile, pela primeira vez em sua longa história, endossou a luta armada. A Frente Patriótico Manuel Rodríguez (FPMR) era um grupo de guerrilheiros que rapidamente se tornaram os heróis dos jovens das favelas, mas a estratégia comunista da rebelião popular se enfraqueceu com a descoberta de seu arsenal nos desertos do norte. A resposta da FPMR foi uma tentativa de assassinar Pinochet em 1987, um ataque que quase foi bem-sucedido, mas cujo fracasso significou o fim de qualquer esperança real de uma luta armada.

Isso só deixou uma maneira para expulsar Pinochet e pôr fim à sua longa ditadura: contestar o plebiscito de 1988 conforme previsto na Constituição de 1980 do próprio Pinochet – uma eleição peculiar em que só haveria um candidato, Pinochet, e apenas uma escolha: "SIM" ou "NÃO" para mais oito anos de seu regime autoritário. Seria uma barganha com o diabo, porque contestar o plebiscito significava legitimar a Constituição autoritária de Pinochet, assim como todos os decretos da junta militar. Embora os democratas-cristãos de centro fossem favoráveis, os socialistas e os comunistas se opuseram, convencidos de que Pinochet jamais permitiria uma eleição livre e justa. Nesse contexto, o governo norte-americano de Ronald Reagan desempenhou um papel surpreendente. Temendo que a longa ditadura de Pinochet, como a de Somoza, pudesse conduzir a uma vitória revolucionária, o segundo governo Reagan começou a apoiar uma transição democrática liderada por uma aliança de centro-esquerda. Em troca de a Concertación contestar o plebiscito, os Estados Unidos conseguiram de Pinochet um campo de ação mais nivelado, incluindo igual acesso à televisão, o retorno de exilados políticos e um fim da censura, e forneceu à oposição uma rede de computadores que poderia realizar uma contagem de votos paralela, além das garantias oferecidas pela presença de milhares de observadores internacionais.

Pouco a pouco, os chilenos foram saindo do choque de dezesseis anos de intimidação e ousaram se opor a Pinochet. A demonstração final de oposição foi a maior da história chilena, tomando mais de oito quilômetros da rodovia Pan-Americana, e, embora as cores e os *slogans* fossem diferentes, sua mobilização de massa recordou a muitos observadores a era revolucionária. Pinochet havia permitido o plebiscito nesses termos porque tinha certeza de que venceria. Quando ficou claro que havia perdido – e decisivamente, 54% contra 42% –, ele tentou montar outro golpe, mas tanto os direitistas civis quanto os comandantes da Aeronáutica e da polícia vetaram, e Washington advertiu o embaixador chileno de que os Estados Unidos não o tolerariam. Improvavelmente, o ditador mais sangrento da história chilena, que havia tomado o poder com as armas, o havia perdido por meio de uma eleição. "Não conseguíamos acreditar", exultava Teresa Valdes, importante ativista e fundadora da Women For Life, que desempenhou um papel importante na criação de uma aliança de centro-esquerda e na campanha do plebiscito, "que conseguiríamos expulsar um ditador tão cruel apenas com um *lápis*!".

No processo, foi criada a poderosa aliança política que dominaria a política chilena nas duas décadas seguintes: a Concertación por la Democracia, que seria uma aliança de centro-esquerda, como a Frente Popular, não uma coalizão de esquerda, como a Unidade Popular. A Concertación se concentraria em torno dos democratas-cristãos e dos socialistas, inimigos na era pré-golpe, mas aliados na democracia restaurada da década de 1990, e as políticas que iriam buscar implantar consolidariam a "revolução" neoliberal de Pinochet, em vez de restaurar "as mudanças", quer da "revolução em liberdade" da década de 1960 dos democratas-cristãos, quer o "caminho democrático para o socialismo" da década de 1970 da Unidade Popular. Também significaria o fim da aliança socialista-comunista que havia conduzido a esquerda ao poder em 1970, e a marginalização do Partido Comunista em um sistema eleitoral binominal singularmente não democrático, constituído de "senadores biônicos", e construído pelos conselheiros de Pinochet para dar à direita o controle do Senado e um poder de veto sobre a legislação caso uma maioria de chilenos votasse nos candidatos da Concertación, um dos vários "bolsões autoritários" que limitaram a restauração da democracia chilena durante a década de 1990.

O Partido Socialista e o novo Partido por la Democracia (PPD), seu parceiro e rival no Polo Progressista "esquerdista" da Concertación, tornaram-se os lares políticos para os esquerdistas "renovados" de todos os partidos da Unidade Popular, incluindo ex-comunistas e miristas retornados do exílio. Para a maioria dos líderes esquerdistas que haviam sido ativos na revolução chilena e depois condenados ao exílio, as lições da história eram negativas, marcadas pela bem-sucedida contrarrevolução. Além disso, seu exílio, principalmente europeu, foi uma jornada política para o centro, refletindo o fracasso do socialismo histórico no mundo todo e que culminou na desintegração da União Soviética, assim como no percebido fracasso da industrialização por substituição das importações na crise econômica latino-americana da década de 1980. Quando retornaram ao poder em 1990, estavam ansiosos para pôr uma distância entre as crenças revolucionárias da juventude e sua atual posição de centro-esquerda, que abraçava uma democracia neoliberal em vez de um socialismo democrático – e não falavam nem de reforma agrária nem de justiça social.

Estavam também determinados a não repetir os "erros" econômicos da Unidade Popular. A Concertación herdou uma economia de exportação próspera e diversificada, com inflação baixa, e estava decidida a demonstrar que podia administrá-la tão eficientemente quanto a ditadura de Pinochet. Além disso, sua análise das causas do golpe girava em torno dos capitalistas do Chile batendo nas portas dos quartéis pedindo um golpe militar porque seus interesses fundamentais estavam ameaçados pela revolução da Unidade Popular. Para evitar esse risco, a Concertación garantiu aos capitalistas do Chile, virtualmente todos que haviam apoiado a ditadura e se oposto à Concertación, que o governo de centro-esquerda não ameaçaria seus direitos de propriedade e manteria o modelo neoliberal e as "regras do jogo". Além disso, no início da década de 1990, parecia não haver alternativa para o investimento privado e, portanto, a necessidade de criar um bom clima para o investimento. A Concertación primeiro abraçou o neoliberalismo por meio do pragmatismo. Como disse Alejandro Foxley, o principal articulador econômico da coalizão: "Já pagamos os custos sociais do neoliberalismo; podemos muito bem desfrutar de suas vantagens econômicas". Mas quando essa estratégia se mostrou bem-sucedida, dando origem ao "milagre chileno", a uma década de crescimento rápido, com baixos níveis de inflação e desemprego, e com alto investimento privado, até mesmo os socialistas passaram a acreditar nela.

Entretanto, como mantinham a sensibilidade social da juventude, os líderes da Concertación também priorizaram o combate à avassaladora pobreza que haviam herdado da ditadura, em que mais de 40% da população era pobre. Usando os gastos sociais direcionados aos mais pobres entre os pobres, além do pleno emprego de uma economia em franca expansão, a Concertación conseguiu reduzir pela metade esse índice de pobreza em menos de dez anos, um feito realmente extraordinário e único na região durante a década de 1990, e que deu ao neoliberalismo chileno uma "face humana", um modelo a ser imitado.

Visando manter o modelo neoliberal, a Concertación desmobilizou seus defensores, pressionou seus líderes sindicais para adiar as demandas de seus trabalhadores e manteve as leis de trabalho *pro forma* da era Pinochet com poucas mudanças, tornando quase impossível o sucesso das greves e mantendo baixo os salários e os benefícios. Como resultado, ao contrário da Revolução Chilena da década de 1970, o "milagre chileno" nunca transformou a vida da maioria da população. Apesar da dramática redução pela metade da pobreza, não houve mudança na alta desigualdade de renda e riqueza. Em 1972, no auge da revolução, o Chile era o segundo país em igualdade social na América do Sul. Três décadas depois, era o segundo país mais *des*igual da região, atrás apenas do Brasil.

No decorrer da década de 1990, essa desigualdade e outros descontentamentos conduziram a uma mudança na correlação de forças dentro da Concertación rumo à esquerda. Seus dois primeiros presidentes foram democratas-cristãos, mas em 2000 os chilenos elegeram Ricardo Lagos como seu primeiro presidente socialista desde Salvador Allende. Além disso, em 2006, escolheram Michelle Bachelet como a primeira mulher presidente do Chile, ela mesma uma ativista socialista na revolução chilena, que foi presa e torturada em Villa Grimaldi, e cujo pai foi morto após o golpe. Embora seu programa fosse o mais voltado para a esquerda de qualquer presidente da Concertación, e incluísse a reforma da seguridade social privatizada de Pinochet em uma direção mais equitativa, pouca semelhança tinha com o caminho democrático socialista que ela abraçou em sua juventude. Seu programa, no entanto, *foi* revolucionário em sua política de gênero, que incluiu paridade dos gêneros em seu gabinete e um novo respeito pela diferença sexual.

Tanto Lagos quanto Bachelet e os partidos que lideraram ainda se consideram "esquerdistas" e, ao contrário de seus predecessores democratas-cristãos, deram passos importantes rumo a uma memória mais ponderada da revolução chilena e da contrarrevolução. Em 2003, Lagos usou o 30º aniversário do golpe para criar uma comissão para investigar a tortura na época da ditadura e para reabilitar Allende, pendurando o seu retrato na parede do palácio presidencial, juntamente com uma foto do La Moneda em chamas, e colocando uma estátua sua na praça em frente ao palácio. Mas era um Allende saneado que ele louvava, agora reinventado como um mártir republicano da democracia, despojado dos objetivos socialistas e revolucionários pelos quais viveu e morreu. Para os líderes políticos esquerdistas da Concertación, a revolução chilena foi parte de um passado cuja memória deveria ser honrada, mas somente se fosse transformada. Muitos trabalhadores, envolvidos no novo consumismo do Chile e temerosos de que um retorno ao passado revolucionário significasse novos sacrifícios e sofrimentos, são da mesma opinião.

Entretanto, para muitos no nível da base, os antigos objetivos e ideais ainda estão bem vivos. Para os mapuche, que na era Pinochet perderam as terras que ganharam no governo Allende, e quase perderam também suas comunidades e seu senso de identidade, a restauração da democracia trouxe com ela a oportunidade de exigir a restituição e a justiça social que carregavam ecos tanto da revolução chilena da década de 1970 quanto da revitalização étnico-cultural dos mapuche da década de 1980. Durante a década de 1990, os mapuche criaram o movimento social mais dinâmico do Chile, que se aliou ao novo movimento ambiental com a finalidade de proteger as florestas virgens e as bacias hidrográficas do desenvolvimento capitalista. Também conseguiram da Concertación, cujos líderes defendiam essa reforma agrária e reconheciam a necessidade de justiça social para os mapuche, uma nova lei indígena em 1993, escrita por ex-ativistas de 1970, que estabelecia um programa de aquisições de terra subsidiadas pelo Estado e um conselho de questões indígenas com forte representação indígena.

Foi nesse contexto que, em 1994, Nicolás Ailío formalmente se reconstituiu como uma comunidade indígena, o primeiro passo para se candidatar a um subsídio da terra. Heriberto Ailío era mais uma vez um líder comunitário, eleito vice-presidente em 1996 e alguns meses depois presidente. Sob sua liderança, Nicolás Ailío foi bem-sucedida em sua candidatura para um subsídio da terra pelo Estado. Foi ajudada nessa candidatura por dois ex-miristas não mapuche da época de Allende: um deles, Enrique Perez, esteve preso com eles depois do golpe, e no exílio desenvolveu vínculos com ONGs europeias; o outro, Gonzalo Leiva, que foi um dirigente da reforma agrária na região, era agora um membro da CONADI, a comissão do governo encarregada dos subsídios para financiamento da terra. Embora sua tentativa inicial de comprar uma fazenda vizinha tenha sido malsucedida devido ao seu alto preço e grandes dívidas, eles finalmente compraram uma terra em Huellanto Alto, próximo das montanhas. Era distante e tinha uma ecologia diferente daquela com a qual estavam acostumados, e não eram as terras que haviam sido tomadas de seus ancestrais e recuperadas durante algum tempo pela revolução chilena. Mas foi a realização do sonho da terra própria que eles podiam passar para seus filhos e que motivara o movimento revolucionário que Heriberto Ailío liderou durante a década de 1970. Quando cerca de metade da comunidade mudou-se com ele em 1998 para Nicolás Ailío II, isso representou o triunfo daquele projeto revolucionário, embora alterado pela repressão da era Pinochet e reformulado pelas condições muito diferentes da década de 1990. Em Nicolás II, o legado da revolução chilena sobreviveu.

BIBLIOGRAFIA

ALVAREZ VALLEJOS, R. *Desde las sombras:* una historia de la clandestinidad comunista (1973-1980). Santiago: LOM, 2002.

ARRIAGADA, H. G. *De la vía chilena a la vía insurreccional.* Santiago: Ed. Del Pacifico, 1974.

_____. *Por la razón o la fuerza:* Chile bajo Pinochet. Santiago: Sudamericana, 1998.

BENGOA, J. *Historia del pueblo mapuche (siglo XIX y XX).* Santiago: LOM, 2000.

CASTILLO SOTO, S. *Cordones industriales*: nuevas formas de sociabilidad obrera y organización política popular (Chile, 1970-1973). Concepción: Ediciones Escaparate, 2009.

COFRÉ SCHMEISSER, B. *Campamento Nueva La Habana: El MIR y el Movimiento de Pobladores, 1970-1973.* Concepción: Ediciones Escaparate, 2007.

CORREA, M.; MOLINA, R. O.; YAÑEZ, N. F. *La reforma agraria y las tierras mapuches: Chile, 1962-1975.* Santiago: LOM, 2005.

CORVALÁN, L. *El gobierno de Salvador Allende.* Santiago: LOM, 2003.

DEVES, E. *Los que van a morir te saludan. Historia de una masacre:* Escuela Santa María de Iquique, 1907. 3 ed. Santiago: LOM, 1997.

DRAKE, P. W. *Socialism and Populism in Chile, 1932-1952.* Urbana: Illinois University Press, 1978.

ESPINOZA, J. G.; ZIMBALIST A. *Economic Democracy:* Worker's Participation in Chilean Industry, 1970-1973. Nova York: Academic Press, 1981.

FLEET, M. *The Rise and Fall of Christian Democracy.* Princeton: Princeton University Press, 1985.

GARCÉS, J. *Allende y la experiencia chilena:* las armas de la política. Barcelona: Ariel, 1976.

GARCÉS, M. *Tomando su sitio:* el movimiento de pobladores de Santiago, 1957-1970. Santiago: LOM, 2002.

GAUDICHAUD, F. *Poder popular y cordones industriales*: testimonios sobre el movimiento popular urbano, 1970-1973. Santiago: LOM, 2004.

GREZ TOSO, S. *De la "regeneración del pueblo" as la huelga general. Génesis y evolución histórica del movimiento popular en Chile (1810-1890)*. 2ed. Santiago: RIL, 2007.

HUNEEUS, C. *El regimen de Pinochet.* Santiago: Ed. Sudamericana, 2000.

HUTCHISON, E. Q. *Labores propias de su sexo:* Género, políticas y trabajo en Chile urbano, 1900-1930. Santiago: LOM, 2006.

JOCELYN-HOLT, A L. *El Chile perplejo.* Del avanzar sin transar al transar sin parar. 3 ed. Santiago: Planeta, 1999.

_____. *El peso de la noche:* nuestra frágil fortaleza histórica. Santiago: Ariel, 1997.

KLUBOCK, T. *Contested Communities:* Class, Gender, and Politics in Chile's El Teniente Copper Mine, 1904-1951. Durham: Duke University Press, 1998.

KORNBLUH, P. *The Pinochet File:* A Declassified Dossier on Atrocity and Accountability. Nova York: New Press, 2003.

LEIVA, S.; GARCÉS, M. *El golpe en La Legua.* Santiago: LOM, 2005.

LOVEMAN, B. *Chile: The Legacy of Hispanic Capitalism*. 3 ed. Nova York: Oxford University Press, 2001.

_____. *Struggle in the Countryside:* Politics and Rural Labor in Chile, 1919-1973. Bloomington, IN: Indiana University Press, 1976.

_____; LIRA, E. *Las ardientes cenizas del olvido.* Vía chilena de reconciliación política, 1932-1994. Santiago: LOM, 2000.

MALLON, F. E. *La sangre del Copihue:* la comunidad mapuche de Nicolás Ailío y el Estado Chileno, 1906-2001. Santiago: LOM, 2004.

MOULIAN, T. *Chile actual:* anatomia de un mito. Santiago: LOM, 2002.

NARANJO, P. et al (eds.). *Miguel Enríquez y el proyecto revolucionario en Chile.* Santiago: LOM, 2004.

PINTO, J. (ed.). *Cuando hicimos historia*: la experiencia de la Unidad Popular. Santiago: LOM, 2005.

PINTO, J. *Desgarros y utopias en la Pampa Salitrera:* la consolidación de la identidad obrera en tiempos de la cuestión social, 1890-1923. Santiago: LOM, 2007.

POLLITZER, P. *Altamirano.* Santiago: Ed. Meliquíades, 1990.

POWER, M. *Right-Wing Women in Chile:* Feminine Power and the Struggle Against Allende, 1964-1973. College Station, PA: Penn State University Press, 2002.

ROLLE, C. (ed.). *1973:* La vida cotidiana de un año crucial. Santiago: Planeta, 2003.

SALAZAR, G. V. *Violencia política popular en las "Grandes Alamedas", 1947-1987.* Santiago: Sur, 1990.

_____.; PINTO, J. *Historia contemporánea de Chile.* 5 vols. Santiago: LOM, 1999.

SALAZAR, M. *Chile, 1970-1973.* Santiago: Sudamericana, 2003.

SMIRNOW, G. *The Revolution Disarmed:* Chile, 1970-1973. Nova York: Monthly Review, 1979.

STALLINGS, B. *Class Conflict and Economic Development in Chile, 1958-1973.* Stanford, CA: Stanford University Press, 1978.

STEENLAND, K. *Agrarian Reform Under Allende. Peasant Revolt in the South.* Albuquerque, NM: University of New Mexico Press, 1977.

STERN, S. J. *Battling for Hearts and Minds:* Memory Struggles in Pinochet's Chile, 1973-1988. Durham: Duke University Press, 2006.

TINSMAN, H. *Partners in Conflict:* The Politics of Gender, Sexuality, and Labor in the Chilean Agrarian Reform, 1950-1973. Durham: Duke University Press, 2002.

VALDIVIA, V. *El golpe después del golpe:* Leigh vs. Pinochet. Santiago: LOM, 2003.

_____. *Nacionales y gremialistas*. El "parto" de la nueva derecha política chilena, 1964-1973. Santiago: LOM, 2008.

VALDIVIA, V.; ALVAREZ R.; PINTO J. *Su revolución contra nuestra revolución.* Izquierdas y derechas en el Chile de Pinochet (1973-1981). Santiago: LOM, 2006.

VALENZUELA, A. *The Breakdown of Democratic Regimes:* Chile. Baltimore: Johns Hopkins University Press, 1978.

VENEROS, D. R. T. *Allende.* Santiago: Sudamericana, 2004.

WINN, P. *Tejedores de la revolución:* los trabajadores de Yarur y la vía chilena al socialismo. Santiago: LOM, 2004.

WINN P (ed.) *Victims of the Chilean Miracle:* Workers and Neoliberalism in the Pinochet Era, 1973-2002. Durham, NC: Duke University Press, 2004.

Coleção Revoluções do Século 20
Direção de Emília Viotti da Costa

A Revolução Alemã [1918-1923] – Isabel Loureiro

A Revolução Boliviana – Everaldo de Oliveira Andrade

A Revolução Chinesa – Wladimir Pomar (org.)

A Revolução Cubana – Luis Fernando Ayerbe

A Revolução Guatemalteca – Greg Grandin

A Revolução Iraniana – Osvaldo Coggiola

A Revolução Nicaraguense – Matilde Zimmermann

A Revolução Peruana – José Luis Rénique

A Revolução Salvadorenha – Tommie Sue-Montgomery e Christine Wade

A Revolução Venezuelana – Gilberto Maringoni

A Revolução Vietnamita – Paulo Fagundes Visentini

As Revoluções Russas e o Socialismo Soviético – Daniel Aarão Reis Filho (org.)

SOBRE O LIVRO

Formato: 10,5 x 19 cm
Mancha: 18,8 x 42,5 paicas
Tipologia: Minion 10,5/12,9
Papel: Off-white 80 g/m² (miolo)
Cartão Supremo 250 g/m² (capa)
1ª edição: 2010
5ª reimpressão: 2020

EQUIPE DE REALIZAÇÃO

Edição de Texto
Alê Costa (Copidesque)
Roberta Oliveira Stracieri e Alberto Bononi (Revisão)

Editoração Eletrônica
Eduardo Seiji Seki (Diagramação)